プチプラコスメでつくる

ちょっとメイクが楽しくなる本

コスメヲタちゃんねるサラ

宝島社

はじめに

みなさん、こんにちは！
サラです。

突然ですが、メイクは好きですか？
私はメイクが大好きです！
同じコスメでも、使い方次第でコンプレックスカバーや
いろんな自分に変身できるところが特に好きです。

この本は
プチプラコスメでもなりたい自分になれるノウハウを
ぎゅっと詰め込んだ一冊になっています。

日々遭遇する様々なシーンに合わせて変化をつくるメイクポイントや、
YouTubeでも企画化している"なんかメイクが変……？"などのお悩み別メイクを
幅広い切り口で紹介しているので、ピンと来るメイクがきっと見つかるはず。
さらにキャンメイクさんとセザンヌさんにご協力いただき、対談もさせていただきました。
普段使っているものがどんな想いでつくられているのかを知って、
この本を読んでいる人がコスメをより好きになってくれればいいなと思っています。

YouTubeでコスメレビューを続けて8年、
私の経験とコスメ愛を詰め込んだ一冊に仕上げる事ができました。
いつもと違うメイクに挑戦してみたくなったり、
日々何気なくやっているメイクにこだわりをつくってみたり。
そんなメイクの楽しさを感じてもらえるとうれしいです。

最後に、この本を手に取っていただき、ありがとうございます。
読んでくださった読者のみなさんが
「普段のメイクが更に楽しくなった！」「幅が広がった！」
そんな気持ちになれるようにお祈りしています。

サラより

What do you want to be?

Come on ♥
　　Let's do make-up together!

CONTENTS

今日はどんな日??
シチュエーションと
気分で決める

7days
Make-up

毎日同じメイクも安心＆安定で
いいかもしれないけど、
ちょっと物足りないって感じてませんか？
ここぞ！という日には
それに合わせたメイクを楽しみたい、
でもやり方がいまいちわからない……。
そんなお悩みを持ったあなたにお届けします！
オールプチプラアイテムでつくる7つのメイクで
あなたのお顔のバリエーションを増やしてみて。

DAY 1
SARA'S 7 DAYS MAKE-UP

＼ 仕事＆学校から直帰するだけ ／

なんでもない日のデイリー顔

隠したいところは隠しつつ、頑張りすぎない"こなれ感"を目指したメイクに。
仕上がりのクオリティよりも自分が使いやすいコスメをチョイスするのがポイントです！

Daily Face
MAKE-UP RECIPE

黒目の内側
鼻根
目の端
鼻の先

FRONT

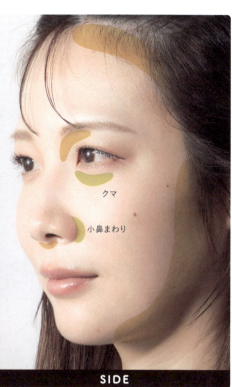

クマ
小鼻まわり

SIDE

チーク　　コンシーラー　　シェーディング

使うときに手間がかからないアイテムでメイク！

カバー力があってムラづきしないクッションファンデを顔全体に
塗ったら、チップのコンシーラーでクマと小鼻まわりだけカバー。パ
ウダーは備え付けのパフでテカリが気になるところに。シェーディ
ングは、鼻の付け根と鼻の下、フェイスラインにササッと入れます。
チークは、塗りすぎても失敗に見えないミュードの血色カラーを頬
の中心にブラシでクルクル丸く入れて、自然な血色感を演出！

Eye

※眉の描き方はP127をcheck!

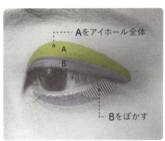

A をアイホール全体

A

B

B をぼかす

アイシャドウに
濃い色を使わないのがコツ

パレットの中間色を使って、アイホールと二重幅＆下まぶたを囲み、下目尻だけ少しぼかして広げることで中顔面の短縮を狙います。まつ毛はビューラーで軽く上げてから究極のカールキープ力のあるカールキープマジックを上下に塗って、リキッドラインを目尻だけ引けば完成。

ITEM：5

	A
B	

Lip

Keep in Touch

リップは血色感重視！

明るすぎず、暗すぎず、もとから自分の唇かのように偽装できる粘膜色をチョイスします。キープインタッチのリップは、寝起きのガサガサ唇にそのまま塗っても潤ってふっくら見えるので手間いらず♡

014

015

Use Item

1 クリオ キル カバー ザ ニュー ファンウェア クッション SPF50+・PA+++ 04 ジンジャー
2 ザセム CPチップコンシーラー SPF28・PA++ 1.5 ナチュラルベージュ
3 コーセーコスメニエンス メイク キープ パウダー
4 ミュード フラッターブラッシャー 04 モーヴノート
5 エクセル スキニーリッチシャドウ SR06 センシュアルブラウン
6 セザンヌ ナチュラルマットシェーディング 01 ウォームトーン
7 キープインタッチ ゼリー リップ プランパー ティント Rose
8 コーセーコスメニエンス カールキープマジック クリアブラック
9 ロムアンド ハンオールブロウカラ 03 モダンベージュ
10 マジョリカ マジョルカ ブローカスタマイズ（ソードカット）n BR771
11 msh ラブ・ライナー リキッドアイライナー R4 ブラウン

【 COLORED CONTACT LENSES 】 フェリアモ ワンデー アフォガード

Coordinate Check!

POINT

メイクに合わせて肩の力を抜いた
スウェットをチョイス。デニムで王
道のカジュアル感をキープしつ
つ、厚底サンダルでこっそりスタイ
ルアップも狙っています。

トップス／VENHIT、パンツ／SHEIN、キャップ／NEW ERA、シューズ／YELLO、バッグ／GRL（以上すべて本人私物）

Hair style Check!

POINT

ヘアも一番楽ちんなダウンスタイルに。毛先だけふんわりワンカールしてニュアンスをON。前髪は重くならないようにシアーな仕上げ&カットが好み。

\ さりげなく華やかなお祝いモード♡ /

結婚式にお呼ばれ祝福メイク

結婚式の日は、長時間お直しいらずで泣いてもOKという"崩れにくさ重視"のメイクで！
写真に撮られることを意識して、ナチュラル＆ハッピーに盛ります♡

DAY **2**

SARA'S 7 DAYS MAKE-UP SARA'S 7 DAYS MAKE-UP SARA'S 7 DAYS MAKE-UP

Blessing Face
MAKE·UP RECIPE

FRONT

SIDE

チーク　　コンシーラー　　シェーディング　　ハイライト

チークとハイライトを顔の中心に入れて多幸感を♡

メラノCCのUV下地で透明感たっぷりに仕上げ、肌からもおめでとうのご挨拶を。ガーデンウェディングの紫外線対策にも◎。崩れにくさに自信のあるメイベリンのファンデを済ませたら、ヴィセの赤みコンシーラーで青クマを狙い撃ちます。アプリ加工した肌になれるキャンメイクのパウダーを乗せたら、落ち着きのあるローズベージュのチークを目の下からふんわり入れ、その上にハイライトを重ねることで光を集めて、「私がレフ板」くらいの勢いで輝きましょう。

Eye

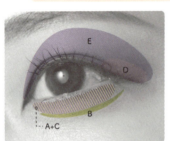

ナチュラルカラー＋ラメで
自然に華やかに

親戚もいらっしゃるので、色はナチュラルに。Eの中間色をアイホールと涙袋全体に塗り、Dの締め色を上目尻に少しプラス。涙袋にA＋Cを混ぜて重ね、キラキラに。Bで涙袋の影を仕込みます。アイラインでまつ毛の隙間を埋め、目尻から2～3mmの長さでスッと抜きます。

ITEM : 3

A			
		C	
B	D	E	

Lip

ティント＋プロボカで最強キープの唇に！

7のロムアンドを全体に塗ってから、一度ティッシュオフ。その上から6のリンメル（16のリップモンスターでも）をリキッド→スティックの順に重ねると、最強の落ちないリップが完成します。

Use Item

1　メラノCC ディープデイケアUV乳液 SPF50+・PA++++
2　メイベリン ニューヨーク フィットミー リキッド ファンデーション R SPF22 118
3　ホリカホリカ マイフェイブムードアイパレット 05 ニートニット
4　キャンメイク オイルブロックミネラルパウダー C01 フラッフィーミント
5　セザンヌ チークブラッシュ 01 フォギーローズ
6　リンメル ラスティング プロボカリプス リップカラー 730・メイクアモーヴ
7　ロムアンド ジューシーラスティングティント 06 FIGFIG
8　セザンヌ ナチュラルマットシェーディング 01 ウォームトーン
9　セザンヌ パールグロウハイライト 01 シャンパンベージュ
10　ヴィセ リシェ レッドトリック アイコンシーラー
11　ロムアンド ハンオールブロウカラ 03 モダンベージュ
12　マジョリカ マジョルカ ブロウカスタマイズ（ソードカット）n BR771
13　ココロイキ アイデザインライナー BRBK ブロンズブラック
14　コーセーコスメニエンス カールキープマジック クリアブラック
15　ファシオ エアリーステイ パウダー SPF15・PA++ 02 ベージュ
16　ケイト リップモンスター 07 ラスボス

【 COLORED CONTACT LENSES 】　フェリアモ ワンデー アフォガード

Hair style Check!

POINT

フォーマルな場所へ行くときはサロンでヘアセットしたい派。サイドに編み込みをつくってすっきりとまとめてもらいました。さりげないおくれ毛のカールもポイント。

小さなバッグに入れるのは最低限のお直しコスメ。15のファシオと16のリップモンスターでサラサラ肌と華やかな唇を復活させます。

Coordinate Check!

POINT

上品なネイビーのワンピースでキ
メてみました。レースとの組み合
わせで、シックな中にも華やか
さを忘れずに。アクセサリーや
バッグでキラキラ度をUP！

ワンピース／ GIRL outlet、シューズ／ RANDA、バッグ／ブランド不明（ともに本人私物）、イヤリング、ネックレス、ブレスレット／すべてスタイリスト私物

\ ビジネスシーンに最適なクール顔！ /

バリキャリ表参道の女に

自分のパーソナルカラーのことは一旦忘れてオータムメイクを目指していくと、
大人かっこいい美人に仕上がる気がします。ツヤとクールと抜け感がバリキャリレディの三種の神器。

Worker Face
MAKE-UP RECIPE

FRONT

SIDE

チーク コンシーラー シェーディング ハイライト

表参道の肌は、ツヤに始まりツヤで終わる。

まずはクッションファンデをツヤ系にして、細かい肌のアラは光で飛ばすくらいの気持ちで！ コンシーラーの中央をクマ、下の明るい色を小鼻の赤みや口角のくすみに入れてフローレスな肌に整えたら、ツヤ感が残るセザンヌのクリアパウダーを全体に薄く乗せます。シェーディングはしっかりと陰影をつけて、輪郭もガッツリ削る気持ちで入れて、ハイライトは鼻筋に細く&鼻の頭に。チークは可愛くなりすぎないカラーレスな色を頬の中央からこめかみに向かって入れて。

025

Eye

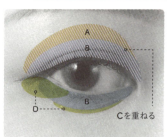

Cを重ねる

眉は太めに、
アイシャドウは下重心で！

眉はキリッと太めを意識して、4 のパープルをMIXして描きます。上まぶたにAとBを塗った上からCを重ねてキラキラに、涙袋にB、下目尻の三角ゾーンにDを塗って下重心に仕上げます。アイラインもニュアンスのある 9 で、ハネ上げずスッとやや長めに抜く感じ。

ITEM：11

A		B	
		C	D

Lip

口もとはややオーバーに、ブラウンリップで大人な印象に！

いい女感を演出したいので、6 のヴィセの深みのあるレッドブラウンをチョイス。きつい印象になりすぎないよう、本来のリップラインを少しオーバーする感じで、塗ったあとに指でなぞってぼかします。

Use Item

1 エスポア プロテーラービーグロウクッション ニュークラス SPF42・PA++ 23 ベージュ
2 セザンヌ 毛穴レスパウダー CL クリア
3 エクセル サイレントカバー コンシーラー
4 ケイト デザイニングアイブロウ3D（デュアルカラー） EX-5
5 ロムアンド ハンオールブロウカラ 02 マイルドウッディー
6 ヴィセ ネンマクフェイク ルージュ RD450 金魚の恥らい
7 ケイト 3Dクリエイトニュアンスパウダー EX-2 パープル系
8 エクセル シームレストーン ブラッシュ SB02 シスター
9 ディーアップ シルキーリキッドアイライナー WP ピンクショコラ
10 ファシオ ウルトラ WP マスカラ（ロング） 01 ブラック
11 ミュード ショールモーメントアイシャドウパレット 01 ウォームメモリー

【 COLORED CONTACT LENSES 】 フェアリーワンデー ホログラムシェル

Hair style
Check!

POINT

ランダムに巻いたウェーブヘア
で大人っぽく。パサつき感が出
ないように、オイルやバームで毛
先までしっとり仕上げるのが上
品に見えるコツ。前髪は流して
クールな目もとをアピりたい。

Coordinate Check!

POINT

お仕事モードに最適なセットアップを
主役に、ほかのアイテムは黒で統一し
て、どこから見ても隙のないスタイリ
ングに。たまにはちょっと背伸びし
た、かっこいい自分も悪くない！

セットアップ、インナー／ともにFRAY
I.D、ブーツ／LE TALON、バッグ／
LOUIS VUITTON（以上すべて本人私
物）、チョーカー 各¥35,200、右薬指の
リング¥18,700／すべてLOHME、ピア
ス、他リング／すべてスタイリスト私物

\ 推しの動画でテンションUP！/

韓国アイドルになりきり♡

アイドルといえば涙袋!! 涙袋が歩いているくらいの意気込みで、
瞳を大きく、下まぶた中心のメイクに仕上げます。
より可愛い印象にするため、あえて求心顔にするのもポイント。

SARA'S 7 DAYS MAKE-UP SARA'S 7 DAYS
DAY
4

030

K-dol Face

MAKE·UP RECIPE

FRONT

涙袋とクマに
左中央のオレンジ

赤みには
左下のグリーン

SIDE

　チーク　　　コンシーラー　　　シェーディング　　　ハイライト

シェーディングとチークでキュッと求心顔に！

韓国のメイクさんも黄色のベースを使っていたので、トーンアップに黄色の下地を使用。素肌系カバーのファンデをしっかりめに塗り、コンシーラーで涙袋、赤みをカバーします。ブラーパウダーでフィルターをかけたら、シェーディングを鼻根の脇に濃いめ（あとはいつものところ）に入れて、チークも明るめピンクを目の下から顔の中心と鼻の上にも入れて求心顔に仕上げます。ハイライトはラメ入りのものを鼻筋、鼻先と頬の高い場所に入れます。

Eye

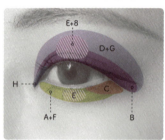

眉は薄めの垂れ眉！
涙袋をとにかくしっかり！

眉の存在感は極力控えめに。B・D・Gをアイホールに、A・Fを下まぶたに入れ、下目尻にC、切開ラインにHを入れ、黒目の上下にEと8のラメを重ねます。アイラインは長め＆下げめに引いて、マスカラで土台をつくった上からつけまつ毛を1本1本繊細に上向きに生やします。

ITEM：16

A	D	E	
			G
B			
C	F		H

Lip

マットのピンクをオーバーに♡

ミュードのベリーピンクカラーをチップで唇の内側に乗せたあと、上下の唇を合わせて色を広げ、指で輪郭よりオーバーめのラインにグラデーションになるようにぼかします。

Use Item

1 クリオ キル カバー ザ ニュー ファンウェア クッション SPF50+・PA+++ 04 ジンジャー（※限定パッケージ）
2 イニスフリー ポアブラー パウダー
3 セザンヌ 皮脂テカリ防止下地 SPF28・PA++ ソフトイエロー（※限定品）
4 ペリペラ プイシェーディング 03 グレイッシュクール
5 デイジーク プロコンシーラーパレット 02 Medium Cover
6 ロムアンド ハンオールブロウカラ 03 モダンベージュ
7 ヴィセ アイブロウ ソードペンシル＆パウダー BR31 ベージュアッシュ
8 フラワーノーズ グリッターリキッドアイシャドウ P05 Sweet Signal
9 ミュード グラッセリップティント 07 Plummy
10 セザンヌ 極細アイライナー EX 10 ブラック
11 ロムアンド ハンオールフィックスマスカラ L01 LONG BLACK
12 ピカソブラシ EYEME 部分用つけまつげ V32
13 ディーアップ アイラッシュフィクサー EX 552
14 ペリペラ ArrArr マルチーズ アーカイブ ピュア ブラッシュド サンシャイン チーク 20 クラウディ ピンク
15 ホリカホリカ シェルグロウハイライター 01 オーロラ・ナクル
16 ウェイクメイク ソフトブラーリングアイパレット NEW 09 ハイピンクブラーリング

【 **COLORED CONTACT LENSES** 】 ワンデーミスティア リリーベージュ

034

ロゴニット¥4,950、ベルト付きスカート¥4,702／ともにHeather（アダストリア）、イヤリング¥5,400、パール
3連ネックレス¥5,800／ともに-less、パールミックスチェーンネックレス¥19,800、右薬指のリング¥17,600
／ともにLOHME、他リング、アームウォーマー／すべてスタイリスト私物、ブーツ／ブランド不明（本人私物）

Hair style Check!

POINT

韓国っぽいスタイリングって
なぜかテンション上がりま
す！ ホワイトベースにキラキ
ラアクセの相性もバッチリ。
やるならとことん！ってこと
で、ヘアもツインテールに♡

035

DAY **5**
SARA'S 7 DAYS MAKE-UP SARA'S 7 DAYS MAKE-UP

\ パートナーの実家にお呼ばれ /

好印象No.1の正統派ナチュ顔

トレンド感は控えめに、崩れにくいベースメイクで清楚感を演出するのがポイント。
アイシャドウはマットで清楚に、カラコンはつけずに裸眼で！

Natural Face
MAKE·UP RECIPE

FRONT

SIDE

チーク　　コンシーラー　　シェーディング

清潔感とフレッシュさをキープさせる！

ファンデはキープ力を重視してティルティルのシルバーをチョイス。オレンジのコンシーラーにベージュを重ねてナチュラルにクマを撃退したら、過剰なツヤが出すぎないよう＆キープ力の上乗せを狙って2のパウダーを全体にON。シェーディングはいつも通りの場所にさりげなく入れて、ハイライトはなしで。チークは、濃くなりすぎないようにサテン仕上げのパウダーに。顔の中心に寄せると可愛くなりすぎるので、黒目の下からこめかみに向かってぼかしていくように入れます。

Eye

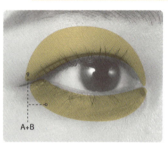

A+B

マスカラ&ラインも
崩れないものをチョイス！

シャドウはAとBでアイホールと涙袋を囲むだけのシンプルな仕上げに。涙袋の中央にだけAを少し重ねます。まつ毛は上げすぎず、マスカラもウォータープルーフでパンダ目防止！アイラインはなじみの良いブラウンブラックを目尻に沿って平行に抜くイメージで。

ITEM：8

A		B

Lip

印象なさすぎもNG。肌トーンに合った血色カラーで！

万人ウケで好感度の高いコーラルピンクをチョイス。色つきリップよりも少し色が出るくらいの発色で、自分の肌トーンに合ったものを選んで。落ちにくさでもリップモンスターが頼もしい♡

038

039

Use Item

1 ティルティル マスクフィットオーラクッション SPF30・PA++ 23N サンド
2 コーセーコスメニエンス メイク キープ パウダー
3 ヴィセ リシェ レッドトリック アイコンシーラー
4 セザンヌ ナチュラルマットシェーディング 01 ウォームトーン
5 エクセル シームレストーン ブラッシュ SB02 シスター
6 ケイト リップモンスター 02 ピンクバナナ
7 ロムアンド ハンオールブロウカラ 02 マイルドウッディー
8 キャンメイク パーフェクトマルチアイズ 04 クラシックピンク
9 ヒロインメイク プライムリキッドアイライナー リッチキープ 02 ブラウンブラック
10 ヒロインメイク ロングUPマスカラ スーパー WP 01 ブラック

【 COLORED CONTACT LENSES 】 NOT USING

Coordinate Check!

POINT

トップスはクリーンな白でまとめ
て、ブルーのスカートで爽やかさ
も忘れずに。あえてのノーアクセで
仕上げつつ、かごバッグでちょっと
したアクセントをプラスしました。

カーディガン／GLOBAL WARKS、トップス／FREAK'S STORE、スカート／Soffitto、シューズ／RANDA、バッグ／The Bag mati（以上すべて本人私物）

Hair style Check!

POINT

すっきりとハーフアップに。顔まわりのおくれ毛もしっかりまとめて、清潔感をアピール！ヘアゴムはそのままでもいいけど、上から隠せるタイプのヘアアクセがあると尚良し。

041

SARA'S 7 DAYS MAKE-UP

6
DAY

＼ 気になるあの人と会えるから ／

キュンとさせたいあざとメイク

どうせメイクするなら可愛いって言われたい！ということで、
あざと顔の基本は、ナチュラルと思わせつつも実はつくり込まれた計算メイクに。

Kyun Face
MAKE-UP RECIPE

FRONT

SIDE

043

`チーク`　`コンシーラー`　`シェーディング`

自然なツヤで素肌感を演出！

トーンアップとカバー力、保湿効果もあるエクセルの下地でベースの7割が完成。クマ、口角、鼻まわりの紫ぐすみだけフーミーのイエローで"やってない風"にカバーします。サラッとさせつつ、見た目はツヤっぽく仕上がるセザンヌのパウダーを崩れ防止に全顔に乗せ、シェーディングはいつも通り入れます。ハイライトを兼ねたキャンメイクのチークを、目の下＆鼻の横のあたりを中心に丸く入れて、最後にマジョマジョのフィクサーを全体にふりかけてツヤを出しつつ崩れも防止。

Eye

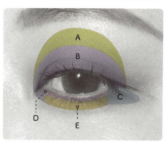

ギラつかせないことで、
メイク感を抑えるのがコツ

左の通りに9のアイシャドウを乗せたら、10のピンク側（D）を下まぶたの目の際に、涙袋の上にキラキラ側（E）を引く。アイラインは11を目尻から1〜2mm下げめ、12を涙袋の影に引く。塗るだけで束感に仕上がるキングダムのマスカラで黒目がちな印象に！

ITEM：9

	D
A	
B	C

ITEM：10

Lip

こういうときこそ粘膜カラー！

ヴィセの粘膜リップを直塗りしたあと、指で上唇の輪郭をぼかしてオーバーに。私は唇が薄いので、輪郭をちょっとはみ出すのはボリューム感を出すためによく使うテクニック。

Use Item

1 フーミー キニシーラー ライトイエロー
2 セザンヌ 毛穴レスパウダー CL クリア
3 エクセル モチベートユアスキン SPF48・PA+++
4 マジョリカ マジョルカ モイストカクテルフィクサー EX
5 ロムアンド ハンオールブロウカラ 05 ダスキー・ローズ
6 マジョリカ マジョルカ ブローカスタマイズ (ソードカット) n BR771
7 キャンメイク グロウフルールチークス (ブレンドタイプ) B02 ローズバレリーナ
8 キャンメイク シェーディングパウダー 05 ムーングレージュ
9 バニラコ ムードオンアイパレット 04 メロウ モーヴ
10 カラーグラム オールインワン涙袋メーカー 05 ベリー
11 マジョリカ マジョルカ ラインエキスパンダー BR713 桃色球根
12 ケイト ダブルラインエキスパート (血色陰影カラー) PK-1 極薄ピンク
13 キングダム 束感カールマスカラ クリアブラック
14 ヴィセ ネンマクフェイク ルージュ PK851 わがままな肉球

【 COLORED CONTACT LENSES 】 ワンデーラルムメルティシリーズ クリアマカロン

Hair style Check!

POINT

コームで毛流れを整えて一つ結びに。あまり高い位置で結ぶとスポーティな雰囲気に寄ってしまうので、真ん中あたりの位置が正解。おくれ毛はたっぷり残してはかなげな印象に。

Coordinate Check!

POINT

あざと度高めなアイテムといえば
やっぱり肌見せ。袖が長めなとこ
ろもポイント。動くたびに揺れる
水彩で描いたような花柄のスカー
トと、白の清潔感がマッチします。

トップス／PAGEBOY、スカート／JUSGLITTY、シューズ／Heather、バッグ／RANDA（以上すべて本人私物）

＼ 友達と会う日はおしゃれしたい！ ／

カラーで遊ぶお出かけフェイス

キュートでカジュアルなテンションをイメージしつつ、
ちょっと流行りの韓国っぽさもプラスした遊びゴコロたっぷりのメイク。
チェリー系のピンクで遊ぶ分、色を統一することでおしゃれにまとめます。

SARA'S 7 DAYS MAKE-UP · SARA'S 7 DAYS MAKE-UP · SARA'S 7
7
DAY

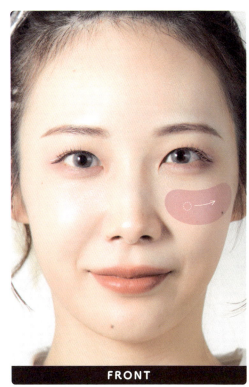

FRONT **SIDE**

チーク　　コンシーラー　　シェーディング　　ハイライト

ナチュラルなベースにニュアンスのベールを

それなりに外も歩くから、SPFの入ったベースはマスト。紫外線対策を叶えな
がらセミマットに仕上がるファシオのBBを塗ったあと、イニスフリーのパウダー
でテカリをオフ。乾燥肌の人はパウダーなしでもOK。シェーディングとコンシー
ラーをいつもの位置に入れて、元気に見える色&位置（頬の内側から頬骨の高
い位置に沿って）にクリームチークを伸ばします。UV入りなので、塗り直しで日
焼け止め効果も叶うのが◎。アイシャドウに合わせてハイライトにもモーブの
ニュアンスをプラスして、目の下の三角ゾーンと鼻先にちょん。

Eye

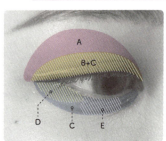

目まわりは全部
チェリー色で統一！

アイシャドウは7を左の写真の通りに。アイラインは
チェリー色をまぶたの際から目尻をちょい太めに、ま
つ毛のラインを延長するように描き、二重の線の終わ
り際に白いラインをアイライ
ンと平行に4mmくらい描き
ます。眉もマスカラもモーブ
カラーで統一して。

ITEM : 7

				D	
	A	B	E	C	

Lip

気張りすぎない透け感ブラウンで！

リップはブラウン系のティントリップスティックに。控えめな存在感でありつつ、女子ウケのするカラーリ
ングをチョイス。輪郭に沿ってぐりぐりラフに塗るだけでOK！

Use Item

POINT

全体をゆるく巻いたあと、高めの位置で一つ結びにし、結び目を隠すようにまとめてピンで固定。残った毛はどちらか一方に流すとおしゃれ度が増します。飾りのヘアピンがアクセント♡ 軽めに残した前髪で抜け感も忘れずに。

Hair style **Check!**

Coordinate Check!

POINT

メイクのカラーを際立たせるため、コーデはあえてのモノトーン。なんだかんだモノトーンって落ち着きます。羽織ったシャツは時々着崩してもヘルシーに肌見せできて◎。

シャツ／VIS、ワンピース／UNIQLO、シューズ／CONVERSE、バッグ／GUCCI（以上すべて本人私物）

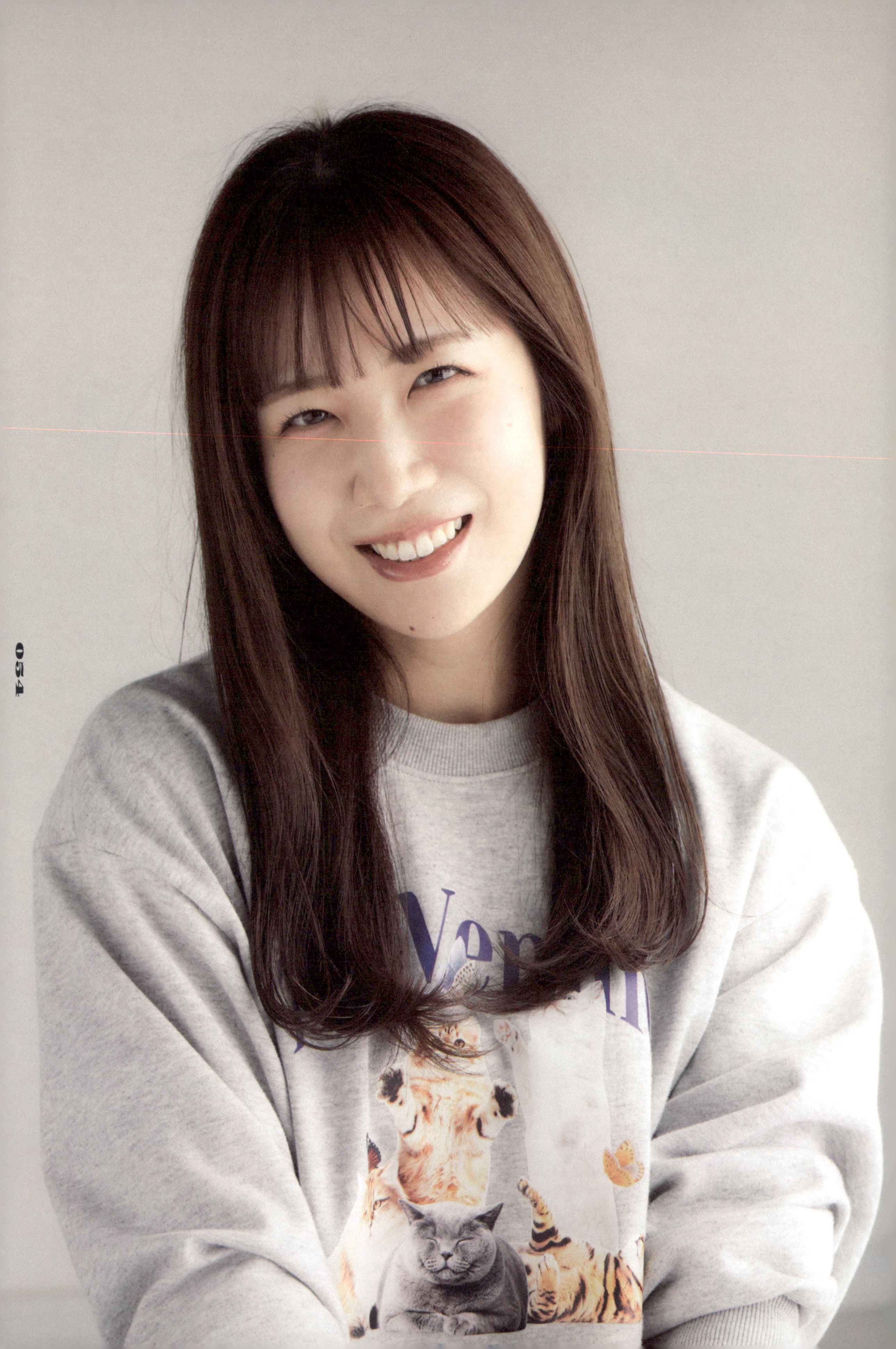

買って損ナシ！

サラの推す

偏愛

ITEM LIST

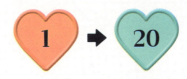

毎シーズンのようにリリースされ続ける気になるコスメアイテム。顔はひとつなのに、ついいろいろ買ってしまいがちなのがコスメオタクの宿命！散々試してきたアイテムの中から、とびっきりお気に入りの20アイテムを紹介させてもらいます。

Item 1

なめらか本舗 の

リンクルUV乳液

SPF43・PA+++

CATEGORY ····· UV乳液・化粧下地

UV対策とトーンアップ

両方叶うから

気づくと手に取っちゃう

メイクの前に塗るだけで、エイジングケアと
日焼け止め、ほんのりトーンアップまで
完了できてしまう優秀時短アイテム。
しかもこれが1,100円で買えちゃう
コスパの良さがスゴイんです！
ジェルっぽいテクスチャで伸びがいいから
スルスルとストレスなく塗れるのも
推しポイントです！

050

メラノCC の

ディープデイケアUV乳液

SPF50+・PA++++・UV耐水性★★

CATEGORY ‥‥‥ UV乳液・化粧下地

SPF、PAだけじゃなく

UV耐水性も最高値！

焼けたくない日はコレ

国内最高値のUV防御力で、
さらに最近適用された新規格・UV耐水性でも
最高値をクリアしているところがさすが!!
ビタミンCだけじゃなくビタミンE誘導体も
配合されているっていうのも魅力ですね。
見た目は真っ白なんだけど、
伸ばすと白浮きすることなく肌になじんで
キシキシしないので使いやすいんです！

クリオ の

キル カバー
ザ ニュー ファンウェア クッション

SPF50+・PA+++ 04 ジンジャー

CATEGORY ····· ファンデーション

猫のパケが可愛すぎる！

パフまで肉球の形なので

使うたびにキュンキュンします♡

もともと通常版を愛用していたんですが、

猫好きの私からしたら、こんな可愛いパケを

買わずにいられるわけがない!!

パフも肉球の形になっているので、

猫パンチされている気持ちになって幸せです♡

鏡の保護シールももったいなくて剥がせません。

カバー力、素肌感、崩れにくさの

3点揃った実力ファンデです。

イニスフリー の

ポアブラー パウダー

CATEGORY ····· ファンデーション

ネットタイプの
パウダーなので
とにかく使いやすい！

イニスフリーの定番ノーセバム（緑）よりも
一回り大きくて、中がネットになっているので
手間なく使えるところがGOOD！
粉もサラサラでテカりにくいし、
クリアパウダーで白くならないので
ほぼ毎日使っています。
11g 1,980円で容量が緑の倍以上なので、
高いと思いきや実はコスパもいいんです☆

Item 5

セザンヌ の

ナチュラルマットシェーディング

01 ウォームトーン

CATEGORY ····· シェーディング・ハイライター

コスパが良すぎるし

優秀すぎる!!

デュアルブラシが便利です♡

この価格でデュアルブラシは
ありえないコスパの良さ!!
しっとりしていてパサパサしないし、
濃すぎず、薄すぎず、ちょうどいい量が
いい感じにつくので、本当にヘビロテしています。
デュアルブラシは片方が細かいところ用、
もう片方がフェイスライン用になっているので、
ブラシを持ち替える必要がなくて楽ちんです。

065

Item **6**

ロムアンド の

ハンオールブロウカラ

03 モダンベージュ

CATEGORY ····· **アイブロウマスカラ**

現時点の最優秀眉マスカラ！

ブリーチしたあとみたいに

しっかり眉が染まります

セパレートしながら、きれいに色づきます。

こすれや汗にも強くて、ポイントメイク落とし

じゃないと落ちないくらいのキープ力。

私は眉の存在をなるべく薄くしたいので、

赤みも黄みも少ない万人向けのカラーで

淡く仕上がる03を愛用しています。

キャップで中身の色が一目でわかるのも◎。

キャンメイク の

ノーズシャドウメーカー

01 グレージュイエロー

CATEGORY ····· シェーディング・ハイライター

シェーディングと ハイライトが一つで 完結するのが便利！

シェーディングとハイライトを別々に使うのって
ちょっと面倒だなって思うんですが、
これは1アイテムで細かい部分の
陰影コントロールが完結できるんです。
付属のブラシもデュアルになっているので、
本当にこれひとつでOK！
ノーズシャドウと鼻の下、
涙袋と鼻筋、唇の上のハイライトに使います。

069

クリオ の

キル カバー
ファンウェア コンシーラー
BO04

CATEGORY ····· コンシーラー

とんでもなく伸びる！

ファンデ代わりに

使えるくらい伸びる!!

ごく少量乗せたつもりなのに、
めちゃくちゃ伸びてムラなくカバーできます。
崩れにくい＆伸びがいいので、
ファンデの代わりに使っても
きれいに仕上がるんです。
デパコスでいうとディオールに似ていて、
それが1,870円で買える上に、
伸びがよすぎて一生なくなる気がしません（笑）。

Item 9

ミュード の

インスパイアスキニー
カーリングマスカラ

01 ブラック

CATEGORY ····· マスカラ

歯間ブラシくらい

細いブラシで塗りやすいし

キープ力も抜群!!

ブラシがとにかく細くて、

上まつ毛も下まつ毛も両方塗りやすい！

細い分そんなにつかないかな？と思いきや、

伸びのいいマスカラ液がまつ毛にしっかり

絡みついて長く見せてくれます。

キープ力も非常に高いので、

奥二重でまつ毛が下がりやすい私には

ありがたい存在です♡

Item 10

ディオール の

アディクト
リップ マキシマイザー セラム

CATEGORY ····· リップケア

カッチカチに
硬くなった唇が
たちまちふっくら!!

ガサガサに荒れた唇って、

油分の多いリップクリームとかグロスを塗っても

全然浸透しなくないですか？

そんなときにおすすめしたいのがコチラ（笑）。

どれだけカッチカチに硬くなった唇でも、

これを塗るとふっくら唇になれます！

もうほぼなくなりかけているので、

リピ買い確定です。

持ち出し

サラの愛用 ♥

コスメ&ポーチの中身

ズボラなので（笑）、ポーチに入れずにそのままカバンやポケットにポンポン入れちゃいます。あまり外でメイク直しをすることがないので、本当にミニマムな最低限のセット。

1. エスポアのコスメについてきたおまけのミラー。 2. mshのタイム シークレット ミネラル リンクルリップ。唇の乾燥がひどいときに。 3. ボビイ ブラウンのエクストラ リップ ティントの04番。リニューアル前のものですが、食後の塗り直し用に。 4. ブランド不明のあぶらとり紙。メイク直しはしないんですが、テカリを抑える用に。
バッグ／ MOUSSY（本人私物）

CLOSE

宝島社でつくらせていただいた、『コスメヲタちゃんねるサラが本気で作った! 持ち運べるドレッサーポーチBOOK』のポーチが旅行用。出し入れすると忘れてしまうので、すぐ持ち出せるように常時この状態でセッティングしてあります。

OPEN

1.コスメ入れ。どんな大きさ、形のものもポンポン入れられるので便利。　2.長物のコスメとブラシ類がピッタリIN。　3.前髪用のピンとヘアゴム、リップと目薬、コンタクトはココ。裏側のポケットには鏡とあぶらとり紙が。　4.表にはティッシュ、裏側にはウェットティッシュをセット。　5.アクセサリーや綿棒を収納。　6.コットンは個包装のものを小分けポケットに。　7.スキンケアアイテムは、取り外しできるマチありのポケットに一括でIN。

寝坊して時間がない！！
そんな日に役立つ
時短メイク

3分 → 5分 → 10分

朝は1秒でも長く寝たい派や、
いつも準備がギリギリになっちゃうって人、結構いるんじゃないでしょうか？
私も完全夜型人間なのでそのタイプです。
だからこそ編み出した時短テクをご覧あれ！

3 MINUTES

5 MINUTES

081

10 MINUTES

START

まさに今起きたばかりで、スキンケアだけ終了した状態。
髪もボサボサ、前髪も完全にクセづいちゃっていて、このまま行くか、
帽子を被るか悩むところ。

ベースはクッションひとつで。カバー力が高めのクッションファンデを
パフに取り、顔の中心にポンポン乗せて美肌見せの三角ゾーンをしっ
かりカバー。クマなどはパフを折って細かく塗ります。

クリオ キル カバー ザ
ニュー ファンウェア クッ
ション SPF50＋・PA
＋＋＋ 04 ジンジャー

パフに残ったファンデで残りのパーツをポンポンカバー。このとき、しっ
かり塗った部分との境界線をぼかすように、フェイスラインやアゴにか
けてすばやく＆やさしくパフで叩き込みます。

眉毛がないと幸薄感が拭えないので、眉だけは絶対に外せません。眉は斜めカットになったアイブロウペンシルを使用。眉尻から毛の抜けた隙間を埋めるようにササッと乗せてマロ眉を回避。

チャコット ブラッシュアップアイブロウ 241 ブラウン

アイシャドウはスティックタイプのブラウンを直接上まぶたの際にガッと塗ります。あとからぼかすので、入れる範囲は適当でOK。

エクセル グリーム オンフィットシャドウ GF05 ウッドトイ

塗った部分を指でササッと塗り広げます。上まぶたは二重幅より少しはみ出すくらい。際から自然にグラデーションになるように。

下まぶたは、目尻にだけスティックシャドウを塗り、目尻の三角ゾーンをつくるイメージで指でササッとぼかしていきます。

メイベリン ニューヨーク ウルトラカラー アイライナー BR-2 ブラウンブラック

アイラインはリキッドで、黒目の端から目尻にだけスッと一筆。目尻の幅より少しはみ出すことで、最低限のメイク感が出せます。

ロート Rリップカラー フラッシュティントリップ ピンク

健康的な血色感の出る色つきのリップをぐりぐりと直塗り。輪郭を気にせずラフに塗ってちょっとはみ出すくらいが、自然なオーバーリップになって逆におしゃれに見えるという説も。

3分メイク

実質3分もかからないくらいのスピードで完成した、ミニマム中のミニマムメイク。カバー力に信頼の置けるクッションファンデや、ブラシやチップを持ち替える必要のないスティックシャドウが勝因かも。髪を触る時間はなさそうなので、これが3分の限界です。

少し時間に余裕ができたので、コンシーラーでクマやくすみをカバー。直塗りできるスティックタイプのコンシーラーを、まずは目もとの青クマに塗って、指でササッとぼかします。

ヴィセ リシェ パーフェクト コンシーラー 001

口角のくすみにもコンシーラーを塗って、同じように指でぼかします。雑塗りしたリップにきちんと感を演出するごまかし技。

イニスフリー ポア ブラー パウダー

ネットタイプで粉を取り出す手間がかからないイニスフリーのフェイスパウダーを使用。額、頬、崩れやすい鼻まわりやアゴにポンポンすばやくまぶしていきます。これでメイク崩れも阻止できました。

一発で見事に染まるロムアンドの眉マスカラで、眉毛を染めて垢抜け感をプラス。細かく上下に動かして、毛流れもついでに整えます。

ロムアンド ハンオール ブロウカラ 03 モダンベージュ

5分メイク

２分の余裕を得たことで、クマとくすみの撃退に成功しました。スティックタイプはワンアクションで済むから、時短のエースといっても過言ではありません。眉も明るく、肌もサラサラになってハッピー感がアップしましたね。ちなみに、前髪もピンで留めました。

あと5分あるということで、ガッツリ仕上げることにしました。まずは
ビューラーでまつ毛を上げるところからスタートです。

ミュード ニュー
インスパイアコ
レクション 01
ブラック

失敗知らずでおなじみ、歯間ブラシ級の激細マスカラで上下まつ毛を
ササッとスピーディに塗ります。軽く塗るだけでロングとカールキープ
を叶えてくれる、本当に優秀なマスカラです。

セザンヌ チークブ
ラッシュ 01 フォ
ギーローズ

続いてチーク。セザンヌは、ブラシ付きで楽ちんなのと、ローズベー
ジュ系で失敗しにくいのが選抜ポイント。鼻の横からこめかみにかけ
て平行に広めに入れて、中顔面の余白を埋めます。

ビューラーの前に温めておいたストレートアイロンで前髪を救済。先に
ハーフアップでまとめた後に、残った前髪だけ内巻き気味のストレート
にすれば、寝坊の事実はなかったことになりますね♡

10分 メイク

もう1本あとの電車でも間に合うことがわかったので、5分追加で前髪も整えてハーフアップまでしちゃいました。5分あれば、マスカラもチークも、ヘアスタイリングもできちゃう。トータル10分で、ほぼいつものサラ（80％くらい）が完成することがわかりました。

時短メイク
USE ITEM

3分

最低限外に出られるようにするなら、肌・眉・アイシャドウ・アイライン・リップ。これで普段からメイクが薄い人くらいの仕上がりに。

5分

10分

1   2   3   4   5

1.クリオ キル カバー ザ ニュー ファンウェア クッション SPF50+・PA+++ 04 ジンジャー、2.チャコット ブラッシュアップ アイブロウ 241 ブラウン、3.エクセル グリームオンフィットシャドウ GF05 ウッドトイ、4.メイベリン ニューヨーク ウルトラカラー アイライナー BR-2 ブラウンブラック、5.ロート Rリップカラー フラッシュティントリップ ピンク、6.ヴィセ リシェ パーフェクト コンシーラー 001、7.イニスフリー ポアブラー パウダー、8.ロムアンド ハンオールブロウカラ 03 モダンベージュ、9.ミュード ニューインスパイアコレクション 01 ブラック、10.セザンヌ チークブラッシュ 01 フォギーローズ

2分でできるブラッシュアップは、コンシーラーとパウダー、眉マスカラの3点セット。垢抜け&仕上がりキープの鍵を握ります。

ほかよりちょっと手間のかかるマスカラも、5分あれば余裕でクリア。チークは血色感だけでなく中顔面の余白埋めも叶うので助かる！

6   7   8   9   10

偏愛

LIP COLLECTION

ついつい買ってしまって常に増え続けるのがリップ。
似たような色を持っていても、気になる新作の誘惑には勝てません♡
その中でも特にお気に入りがこちら。

3周回ってこれに戻りました（笑）。唇も荒れないし発色もきれい。食後の塗り直しとか、唇が乾燥するけど血色感も諦めたくないっていうときに使っています。

「誰にでも似合うように」という願いを込めてラスボスっていう名前になったらしいんですが、まさに狙い通り。どんなメイクにも合うので、迷ったら手に取るリップです。

スティックで、サッと塗り直しやすいのが好き♡ ギリギリ固体を保っているよね、っていうくらい柔らかいテクスチャで、絶妙な粘膜カラーとツヤ感が完成します！

2

4

1

3

5

リップモンスターの半額以下（660円）でこの落ちにくさと塗り心地！ 8月に新色が3色追加されて、ブルベの私もさらに使いやすくなりました！ お気に入りは05番です。

マットなのに一切乾燥しない！ マット系は苦手だったのですが、これを塗ってからマットリップの常識が覆りました。クリームっぽい質感で、なじむとマットになります。

『バズったリップ9種比較』という動画で、検証したのですが、一番落ちにくかった！マットなリキッドで、コーティングバームを塗るとツヤが出て乾燥しにくくなります。

とんでもなく唇がプランプアップする！唇に血色感を出しつつ、ぷっくり見せてくれます。とんでもなくピリピリ感があるので、肌が敏感な人は注意。撮影の日などに使います。

7

9

8

6

プチプラなのに、某マキシマイザー級の実力者。ほどよいスースー感とプランプアップ効果で手放せなくなった人も多いと思います。

ジェルネイルか！っていうくらいとんでもないツヤとボリューム感で、グロスいらずのぷっくりした仕上がりになります。ティント効果もあるので、落ちにくい！

デイジーク の

プロコンシーラー パレット

01 COVER

02 MEDIUM COVER

CATEGORY ····· コンシーラー

フィーリングで塗るだけで

プロのような

仕上がりになります！

最初に01が発売されたときから
ずっと愛用しています。
02のほうが肌の色に合うので、今は02がメイン。
これひとつで青クマ、くすみをカバーできて、
細いブラシでニキビ跡やシミをカバーすると
きれいに仕上がります！
右上の色をハイライト、暗い色をシェーディングに
使うこともできるので本当に便利。

560

Item 12

フラワーノーズ の

月光人魚シリーズ
ジュエリーブラッシュ

#01

#02

CATEGORY ····· **チーク**

とにかく見た目が

可愛すぎる!!!

気分もアガるし顔も盛れる♡

このグラデーション、この彫刻、

この高級感あふれるパッケージで

この価格(3,080円)はスゴイ。

気分もアゲてくれて、可愛くなれる

今パケ買い界で一番アツいブランドなのでは

ないでしょうか。

発色も濃すぎず使いやすいです。

全色持っていますがよく使うのはこの2色。

Item 13

セザンヌ の

ベージュトーン
アイシャドウ

098

CATEGORY ····· **アイシャドウ**

適当に塗るだけで きれいないまどきの ニュアンスアイになれる！

締め色が濃すぎないので、適当に塗るだけで
本当にきれいなアイメイクが完成します。
4色入りで748円。これに勝るコスパの良い
アイシャドウはあるだろうかというレベル。
左上のラメが絶妙で、気分でナチュラルにも
華やかにもなれます。
個人的に好きなのは03と05で、
05の発売以降はこればっかり使っています。

660

ホリカホリカ の

マイフェイブムード
アイパレット

CATEGORY ····· アイシャドウ

粉質が大好きで全色買い♡

どこに塗っても

いい感じに仕上がります

しっとりとした粉質が好みすぎて、
全色買いしてしまったアイシャドウ。
特に好きなのは05と07で、
05はナチュラルメイクに、
07は気分をアゲたい日によく使います。
パレットの中の色の差があまりないので、
どれを使うかつい迷っちゃうんだけど、
結果的にどれを使ってもいい感じになります♡

リリーバイレッド の

スマイリーリップ
ブレンディングスティック

01 Grin with me

CATEGORY ····· リップペンシル

唇の薄さを解決してくれる 人中短縮メイクの 必須アイテム！

唇が薄いのが悩みなのですが、
あらかじめこれでオーバーリップの
ラインを描いておくと、
リップ単体よりふんわり自然な
人中短縮メイクができるんです。
太すぎず、細すぎず描きやすくて、
「もとからココまで唇です！」って
とっても自然に偽装できるんです。

マジョリカ マジョルカ の

ラインエキスパンダー

BR713 桃色球根

CATEGORY ····· アイライナー

とにかく色味が大好き！

スタメンの中でも

エースアイテムです

描き心地は普通のリキッドライナーなんですが、
とにかく色味が大好き。
絶妙なくすみピンクで、薄すぎず、濃すぎず、
どんなメイクにも似合う色味。
2本目をリピート中ですが、
もうなくなりそうです(笑)。
基本的にはずっとこのアイライナーを使っていて、
なんなら今日もコレです。

ケイト の
リップモンスター

#07

#02

CATEGORY ····· 口紅

落ちにくすぎて

感動した

実力派すぎるリップ

発売直後は「ただのリップじゃん」くらいに
思っていたのですが、SNSのDMで
全色レビュー動画のリクエストが殺到したため、
全色買って試したんです。そうしたら、
「なんだこれは……！ ただのリップじゃないぞ!!」
と、落ちにくさに大感激。
なるほど、これはすごかったです。
02、07、13がお気に入りで、
今のところ一番は07です。

Item **18**

デイジーク の

スターリット
リキッドグリッター

CATEGORY ····· グリッターライナー

とにかく見た目が可愛い!!

カラバリに惚れて

全色買いました

まさに今も使っているくらい、
最近のマイブームアイテム。
カラーバリエーションに惚れ込んで
一気に全色揃えちゃいました♡
ラメが大粒すぎず使いやすくて、
しかも透明感があってキラキラと輝く感じ。
まだ新作なので全色は使い切れていないですが、
今のところは04を手に取りがちです。

109

Item 19

スキンアクア の

トーンアップUVエッセンス
ラベンダー

SPF50+・PA++++

CATEGORY ····· 日焼け止め

顔と首の色の差を
このアイテムで
回避しています！

普通に日焼け止めとしても使っているんですが、
ファンデを塗って白くなった顔と
首の色をなじませるために使っています。
ジェルテクスチャで伸びが良くて、
塗ってる感が全然ないのに
ちゃんとトーンアップしてくれるんです。
もう3本くらいリピートしていて、
季節を問わず必須アイテムです。

ミゼルエディ の

忍ばせ影色ペンシル

202 ピンクブラウン

CATEGORY ····· **アイライナー**

目もとの粘膜や
涙袋に使える
超自然な影ライナー

これもスタメン中のスタメンで
今しているメイクでも使っています。
血色感のある陰影カラーで
目の粘膜や涙袋の影を偽装でき、
ペンシルなのでリキッドよりも
ぼかしやすく、自然な影がつくれます。
目尻の三角ゾーンや目頭に入れれば
目の大きさも詐欺れます！

SKIN CARE

A

C

B

D & E

F

G

A

**スキンフード
キャロット カロテン カーミング
ウォーターパッド
マフィン&ナッツ**
※限定パッケージ

うさぎの毛？っていうくらい
柔らかい！朝の洗顔から化
粧水までこれひとつで完了。

B

**バニラコ
クリーンイットゼロ
クレンジングバーム
ナリシング**

ウォータープルーフのマスカ
ラもスルンと落とせて、毛穴
の角栓ケアもできちゃう♡

C

**イハダ
薬用バーム**

どんな保湿でも乾燥していた
夫が感動していたバーム。特
に冬場に重宝しています！

D & E

**ビオデルマ
ピグメンビオ
エイチツーオー ホワイト、
サンシビオ
エイチツーオー アイ**

撮影の合間に使っています。
メイクを落としてもベタつかな
いし、Eはマスカラもスルン！

F

**ポーラ
リンクルショット
メディカル セラム N**

そろそろアンチエイジングを
と思って、未来の自分のため
に導入したシワ改善美容液。

G

**オバジ
オバジC20セラム**

ビタミンCって万能なので、シ
ワ、シミ、毛穴のトータルケア
として朝晩に使っています。

TOOLS

A
**アイプチ
ひとえ・奥ぶたえ用
カーラー**

奥二重だけど本当に上がる！旅行先に忘れると悲しみに暮れるので2つ持っています。

B
**ピカソ
716 アイライナーブラシ、
712 コンシーラーブラシ、
PROOF 09 コンシーラーブラシ、
219 SQ アイシャドウブラシ**

全部コンシーラー用。細かく入れたいタイプなので、ピカソの細いブラシを愛用しています。

C
**ダイソー
シェーディングブラシ**

ノーズ用のシェーディングブラシとして。本当に100円とは思えない毛質で、一生コレでいい！

D
**ロージーローザ
マルチユースブラシ
〈フェイス〉**

人間工学に基づいた持ち手ですごく使いやすい。チークに使っていますが、ハイライト、シェーディングにも使えます。

E
**BISYODO
フィニッシング
パウダーブラシ（丸平）**

毛量がたっぷりで柔らかいので、プレストパウダーを顔全体に乗せるときに重宝！

F
**EIGSHOW
3D フェイスブラシ**

フェイスラインのシェーディングに。フェイスラインにフィットする形で入れやすいです。

G
**フラワーノーズ
月光人魚シリーズ
ブラッシュブラシ 02 星空**

見た目が可愛いので使うと気分がアガります♡テンションを上げたい日にチークに使います。

H
**アストレア ヴィルゴ
アイビューティー
フィクサー WP**

二重の調子が悪くなった日に使います。とにかく接着力が強いので、安心感がある！

I
**ダイアン
パーフェクトビューティー
マエガミ スティック
〈ハード〉**

アホ毛がすごいので、毎日使っています。ハードタイプなのでしっかり抑えられます。

J
**ケープ
FOR ACTIVE
微香性**

前髪やサイドの髪に毎日シュッとしています。見た目は普通なのに、しっかり固まってキープしてくれます。

Contents 06

「なんか変じゃない!?」を回避

お悩み別

NG ⇄ OK

メイク

頑張ってメイクしてもいまいちしっくりこない！ そんなお悩みを解決すべく、あえて顔を半分にセパレート！ やっちゃいがちな間違いメイクと正解メイクを比較検証♡

お悩みLIST

ベースメイクが異常に崩れやすいんですが!!

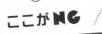

ここがNG

スキンケア

化粧水をたっぷり使ってすぐ次のプロセスに。保湿を重視しすぎて油分の多い乳液やクリームを塗る。

化粧下地

季節、肌質を問わずモイスチャー系の下地を全顔に使う。もしくは、テカリ防止下地を厚塗りしすぎる。

ファンデ

流行りのツヤを求めて保湿力の高いファンデを、音がするほど叩き込む。全顔同じ分量で塗り、クマもファンデを重ねてカバーしちゃう。

コンシーラー

なし。ファンデに頼る。

フェイスパウダー

なし。ツヤ肌を保ちたいから!

これで **OK**

スキンケア

大事なのはスキンケア。さっぱりめの化粧水を使い、肌になじんでから油分の少ない美容液や乳液を適量使って保湿を済ませる。このひと手間がメイク崩れを防ぐポイント。

化粧下地

テカリ防止の下地はテカりやすい部分にだけ！

ファンデ

密着力のあるクッションをチョイス！ こすらずやさしくトントンと。

コンシーラー

ファンデで隠しきれなかったところにだけ塗ること。

フェイスパウダー

無色で粒子の細かいパウダーを塗ることで、崩れ防止の最後の砦に。

朝はきれいに仕上げたはずなのに、夕方の顔は毛穴と脂のドロドロ地獄……!! ベースの崩れはみんなが陥りがちなメイクトラブル。

OK USE ITEM

1.なめらか本舗 整肌美容液 NC　2.コーセーコスメニエンス メイク キープ プライマー　3.ティルティル マスクフィットオーラクッション SPF30・PA++ 23N サンド　4.クリオ キル カバー ファンウェア コンシーラー BO04　5.コーセーコスメニエンス メイク キープ パウダー

[COLORED CONTACT LENSES]　NOT USING

NG

ファンデひとつで済ませようとしないこと!

スキンケアもベースもたっぷりゴテゴテに重ねると、密着感が弱まって崩れやすくなります。特に、オイリーに崩れる人は、保湿やツヤ系のアイテムを使いすぎるのが敗因かも。コンシーラーとパウダーは必須と心得て。

ファンデに頼りすぎるのもNG。ニキビ跡や赤みも全部ファンデを厚塗りしてカバーをすると、仕上がりも不自然に厚ぼったく、崩れやすくなります。

これが基本の ベースメイク！

Foundation

クッションファンデは
一度フタで量を調節してから

頬、額、鼻と顔の中央の逆三角ゾーンに塗ったあと、残りをフェイスラインになじませます。目の下、小鼻は崩れやすいので特に薄めに。

コンシーラーは
厚塗り防止のキーアイテム

無き者にしたい肌アラは、コンシーラーで隠すこと。目の下のクマ、鼻まわりの赤み、口角のくすみ、ニキビ跡などをポイントでカバー。細い筆で丁寧になじませて。

Concealer

Powder

崩したくないのなら
仕上げのパウダーは
必須です！

無色で粒子の細かいルースパウダーを、小鼻、額全体、アゴと顔の中心に乗せます。残った分で、フェイスラインをトントンとフォロー。

Case **2**

NG

私の眉毛、なんか間違ってない？

ここがNG

アイブロウペンシル

髪色よりさらに濃いアイブロウペンシルで描き、眉マスカラは使わない。

OK

これで **OK**

アイブロウパウダー

初心者さんはパウダータイプでふんわり描くと失敗しにくい！

アイブロウマスカラ

髪色に合わせて少し明るくするだけで垢抜け感UP！

初対面で「この人メイク下手かも？」と思わせる要因・ナンバー1といっても過言ではない眉。眉を制することで、たちまちメイク上手に成り上がれます!!

OK

U/E ITEM

1   2

1.ケイト デザイニングアイブロウ3D EX-5 ブラウン系　2.ロムアンド ハンオールブロウカラ 03 モダンベージュ

【 COLORED CONTACT LENSES 】 NOT USING

NG

**眉頭をしっかり
描きすぎるのは NG！**

慣れないうちからしっかり発色するペンシルタイプを使うと、濃くつきすぎて眉だけ浮く＆形のいびつさも目立ってしまいがち。多少のミスもごまかせて、自然に仕上がる薄めのパウダーから始めてみて。

左右のバランスを取るのが難しい眉頭からしっかりガッツリ描いてしまうと、左右差が目立ちやすい上、描いてる感も出すぎてしまいます。

これが基本の眉メイク！

Powder

眉頭に抜け感を残しておくのが
自然に仕上げるポイント

斜めカットのブラシにパウダーアイブロウの薄い色と中間色を混ぜて取り、眉の中間から眉尻にかけて少し長めに描きます。残った分を眉頭に足して、薄めに仕上げて。眉が長めだと小顔効果が出て、平行めだと今っぽくなります。

Mascara

眉マスカラはロムアンドが優勝！
自然にさばけて染めたように色づきます

眉を描いたら、眉マスカラをON。眉頭のほうから毛並みに沿って上下に動かしながら上側も下側も満遍なく染めて。ロムアンドの眉マスカラは、ポテッとつきすぎないので、失敗なく使えておすすめ。特に赤みも黄みもない03が推し！

会う人がみんな「なんか疲れてる?」って聞いてくる

NG

ここがNG

ベースメイク

ブルーの下地に薄づきファンデ、白っぽく仕上がるパウダーでトーンアップ大失敗。シェーディングは青み系で、ハイライトはなし。

アイメイク

眉はグレー系でどんより、アイシャドウも似合わない色を使って、垂れ目風に仕上げ。茶色のリキッドで涙袋の影を描く。アイライン、マスカラももちろん黒!

チーク&リップ

くすみ系の色を頬骨の下に入れて、リップはナチュラルのベージュカラー。

これでOK

ベースメイク

血色感のある下地と青クマのカバーで健康的な肌に！ シェーディングも青みを抑えた色を使って。

アイメイク

眉は明るめ、アイシャドウは自分のパーソナルカラーに合わせてくすまないように。

チーク&リップ

チークは明るめカラーを丸くふわっと入れること。リップはくすみのない血色感のあるツヤリップ一択!!

きちんとメイクしているつもりだし、毎日ちゃんと寝てるのに、やたらまわりに「疲れてる？」って聞かれる。それって幸が薄そうってこと……？

OK USE ITEM

1.トゥー クール フォー スクール アートクラス ブランド ベース 2 エクラローズ
2.ファシオ エアリーステイ BB ティント UV SPF50+・PA++++ 02 ライトベージュ
3.ヴィセ リシェ レッドトリック アイコンシーラー　4.キャンメイク シルキールースモイ
ストパウダー 01 シルキーベージュ　5.キャンメイク シェーディングパウダー 05 ムー
ングレージュ　6.ロムアンド ハンオールシャープブロウ C2 グレーストーブ　7.ロム
アンド ハンオールブロウカラ 03 モダンベージュ　8.ウェイクメイク ソフトブラーリン
グアイパレット NEW 04 ラベンダーブラーリング　9.キャンメイク 3wayスリムアイ
ルージュライナー 03 アイシーピンク　10.エクセル スキニーリッチライナー R PL03
グレージュ　11.ミュード インスパイアスキニーカーリングマスカラ 01 ブラック
12.フラワーノーズ 月光人魚シリーズ ジュエリーブラッシュ 02 Moonlight Dawn
13.エクセル ドレープド シマーグロウ DS01 ピンクグロウ　14.ケイト リップモンス
ター 02 ピンクバナナ

【 COLORED CONTACT LENSES 】 フェアリーワンデー ラベンダーヌード

肌のくすみをそのままにしないことが重要!

NG

コンシーラーを使わず、顔にあるくすみをそのままにしてしまうと、
ベースに仕込んだブルーや白めのパウダーがすべてくすみを助長す
る結果に。この状態で陰影を強調しすぎてしまうと、さらに疲れ顔に。

チークを頬骨の下に沿って斜めに入れる
と、さらに頬がコケた印象に。ローズ系の
色なども幸薄に見えるので要注意!

青みがかったシェーディングをガッツリ入
れると、面長感&骨の凹凸が過剰に出て
しまって、頬がコケて見えます。

パーソナルカラーに合わない(サラの場
合はイエベ秋)色で垂れ目気味にすると、
落ちくぼんで疲れた印象に。

Base

血色感のあるアイテムを薄く重ねるイメージで!

ピンクの下地で血色感をUP。リキッドファンデで全体をナチュラルにカバーしたあと、ピンク系でしっとり感のあるパウダーでふわっと自然なツヤをプラスします。

Concealer

顔色の悪さはクマのせいかも!

青クマタイプの人は、オレンジのコンシーラーを筆でトントンと乗せてなじませ、しっかりとカバーしておきましょう。

Cheek

チークは頬骨より上の位置にふんわりと入れて

大きめのブラシで、にっこり笑ったときの頬の高い位置にふんわりとON。最後に血色感とニュアンスのあるハイライトを重ねるとよりGOOD。

ほかのパーツのポイントはココ!

アイシャドウは自分のパーソナルカラーに合った色が安心(私の場合はブルベ夏なのでピンクのパレットを使用)。アイライナーはニュアンスブラウンをチョイスし、涙袋の影にはピンク系のラインを使ってくすみを回避して。マスカラも、しっかりカールキープしてダマづきしないもので、影にならないように注意して塗ること!

NG

太った？ むくみ？

顔が大きく見える

ここがNG

ベースメイク

白めのファンデを全顔にベタ塗り。唇の輪郭まで
ファンデで攻めちゃう。ちなみにお粉は使いません。

アイメイク

眉は濃い色のペンシルでぐりぐり。アイシャドウは
ハイライトカラーをとにかく広く入れすぎ状態。上ま
ぶた中心のピンクメイクで腫れぼったく見せて、仕
上げに涙袋も白をガン塗り。影という概念はありま
せん。アイラインは囲み、マスカラもビューラーなし
で下がりまつ毛。

チーク&リップ

チークは可愛くなりすぎるのを気にして外側に入れ
がち。ベージュ系のリップで顔を間延びさせる。

\ これで**OK** /

ベースメイク

基本のベースメイクと共通。シェーディングは眉の付け根から鼻筋、鼻の下とフェイスラインに、ハイライトは顔の中心に入れて視線を集める。

アイメイク

基本的にはP12のデイリーメイクと共通。上まぶたを塗りすぎず下重心に塗り、涙袋をつくって中顔面の余白を埋めつつ、影もちゃんとつくってあげる。アイラインは抜け感のあるニュアンスカラーがベスト。まつ毛もしっかりカールして、縦幅を強調して。

チーク＆リップ

チークは顔の中心めにふんわりと、薄く広く入れるのがコツ。リップは血色感のあるカラーをちょっとオーバーリップ気味に。

体重が変わってないのに「太った？」って聞かれたり、なんか顔が大きく見える日があったり……。これはむくみ？ それともメイクが間違ってる？

OK USE ITEM

BASE >> Case1と同じ

1.セザンヌ ナチュラルマットシェーディング 01 ウォームトーン　2.ケイト デザイニングアイブロウ3D EX-5 ブラウン系　3.ロムアンド ハンオールブロウカラ 03 モダンベージュ　4.ケイト バーチャルアイズメイカー NL-1 フタシカ　5.セザンヌ 描くふたえアイライナー 30 影用ピンク　6.セザンヌ 極細アイライナーEX 20 ブラウン　7.ミルクタッチ オールデイボリュームアンドカールマスカラ ブラック　8.キャンメイク グロウフルールチークス（ブレンドタイプ）B02 ローズバレリーナ　9.デイジーク クリームドゥローズティント 04 Redwood

【 COLORED CONTACT LENSES 】 NOT USING

NG

のっぺりベースメイクと囲み目が原因かも

ベースを全顔同じ色で塗ることで、のっぺり膨張した印象に。目まわりをハイライトで明るくして立体感を出すのも、膨張して見えてしまいます。囲み目も、自分の本来の目の大きさを強調してしまうので余白が目立ってしまうかも。

瞳ぼったく見えやすいピンク系のカラーをガンガン乗せて、眉の下にはギラギラにハイライト。涙袋もハイライトのみで完了。

シャープに見せようとして、顔の外側にチークを入れると、逆に頬の横幅が強調される&面長になって膨張感UP。

𝒮hading

小顔に見せるシェーディングの入れ方をまとめてご紹介！

フェイスラインは大きめのブラシで。軽く払って量を調整してから、額の生え際にクルクル。こめかみからアゴ先（アゴの下も）までのラインに広く入れて輪郭を削ります。

顔の立体感は鼻まわりで演出。細めのブラシで眉頭の下から鼻根までと、鼻の下が基本。鼻の幅が気になる人は、鼻先の脇にもプラス。

ほかのパーツのポイントはココ！

顔の余白を埋めるためには、アイシャドウは下重心が基本。上まぶたには抜け感を残して、下まぶたの目尻三角ゾーンに色を置くことで下重心に。涙袋をしっかりつくると中顔面の間延び感が埋まるので、涙袋は明るすぎないカラーでふっくら見せつつ、涙袋ライナーを使って影を描いて立体感を出します。まつ毛もカールさせることで縦の目幅を強調。リップもオーバーめに塗ることで、鼻の下の人中を短縮して見せます。

NG

ちゃんとメイクしてるのに
すっぴん？って聞かれる……

ここがNG

ベースメイク

スキンケア後にパウダーを直塗り。1アイテムでベースメイクが完了。

アイメイク

眉はパウダーを柔らかいブラシであやふやに塗る。眉尻も定めずぼんやり。アイシャドウも失敗を恐れて肌なじみのいい薄い色をぼんやり入れて、締め色はなし。アイラインもペンシルでまつ毛の間を触るくらい。マスカラもビューラーせずに中間〜毛先をちょんちょん触って完了。

チーク＆リップ

チークはピンクベージュをサラッと1度塗り。リップは色つきリップを直接ヌリヌリ。

これでOK

ベースメイク

全体のベースはBBクリームを使用。コンシーラーは指でちょんちょん塗ってスピーディにカバーしたら、パウダーでサラッと抑える。

アイメイク

眉毛は眉マスカラまでしっかりと！ 中間色と少し濃いめの締め色を使い、下まぶたにもきちんと色を乗せること。アイラインはリキッドでまつ毛の間を埋めて、黒目の端から目尻を少しはみ出すくらいに。まつ毛はビューラーで上げて、しっかり存在感を出して。

チーク&リップ

チークは頬の中心あたりに。アイメイクの強さとバランスを取ってクルクル適量入れる。リップは、飲食しても落ちにくいティントで血色感をプラスして。

みんながやってる時短メイクと何が違うの!?

なぜだかすっぴんと間違えられる……。

時間がないから時短メイク！と思ったら、

OK U/E ITEM

1. インテグレート プロフィニッシュ BB SPF50+・PA+++　2. ザセム CPチップコンシーラー SPF28・PA++ 1.5 ナチュラルベージュ　3. エテュセ フェイスエディション（パウダー）　4. セザンヌ ノーズ&アイブロウパウダー 02 ナチュラル　5. ロムアンド ハンオールブロウカラ 02 マイルドウッディー　6. キャンメイク パーフェクトスタイリストアイズ 02 ベビーベージュ（※生産終了品）　7. マジョリカ マジョルカ ラインエキスパンダー BR713 桃色球根　8. ロムアンド ハンオールフィックスマスカラ L01 LONG BLACK　9. キャンメイク グロウフルールチークス 11 チャイフルール（※生産終了品）　10. セザンヌ ウォータリーティントリップ 02 コーラルレッド

【 COLORED CONTACT LENSES 】　エバーカラーワンデー Natural ひとめぼれの恋

Foundation

下地とファンデは
BB クリームで代用！

細かい肌アラまでしっかりカバーできるBBクリームを顔の中心に置いてから、大きめのスポンジでトントンなじませるとスピーディ。コンシーラーも指でちょんちょんなじませて。

NG

ベースが薄めのフェイスパウダーのみだと、すっぴんに見られる可能性大。

Eyebrow

眉マスカラまで塗ると
メイク感がグンと UP

P127の要領で、硬いほうのブラシを使って眉尻まできちんと形を描いたら、眉マスカラでしっかり染めて垢抜け眉に。

NG

柔らかいブラシでなんとなく地眉をなぞるだけ。眉尻も同じくぼんやり描いて終了。

Lip

メイク感がわかりやすいリップは
キープ力のあるものを

リップは老若男女誰から見てもメイクしている感がわかりやすいパーツ。リップが落ちることでたちまちすっぴん感が出てしまうので、キープ力の高いティントを使って。

NG

色つきリップも塗った直後はいい感じだけど、飲食などで落ちてしまうのがネック。

ほかのパーツのポイントはココ！

アイシャドウは右上と左下の色をアイホールに重ね塗りして、下まぶたには細いチップを使い、全体に左下→涙袋に右上の順で重ねることで立体感ある瞳が完成します。アイラインは黒目の端から目尻を少しはみ出すまで描き、マスカラはカールキープ力の高いものをチョイス。チークは、目もとが濃いときはちょっと濃いめ、薄いときはちょっと薄めという風に、アイメイクに合わせて量を調整するとバランスが取りやすい！

どんなに盛っても
垢抜けない!!!

ここが**NG**

ベースメイク

カバー力の高いパウダーファンデを全顔に乗せてとにかく
白く! カバー力激強のコンシーラーで涙袋の影ごと消す。

アイメイク

濃い色をとにかく広めに塗り、サバのようなパールを下まぶ
たの目頭にガッツリ! アイラインは黒のジェルライナーを
ちょいハネ上げに。眉も短め&明るめ仕上げで、つけまは
全幅の大ボリューム。

リップ&チーク

絵の具のようなピンクのチークで火照り顔にして、唇はツヤ
命のテカテカグロス。

カラコン

黒い縁のカラコンでとにかく黒目をデカく!

ベースメイク

ベースはP123の基本のベースメイクの通り。シェーディングはP135を参考に。

アイメイク

盛るのは下まぶたを中心にして、中顔面もついでに短縮。デカ目にするなら、縦よりも横幅を広げる感じで。カラーは締め色にも透明感があるのが今っぽい。ラインもリキッドのニュアンスカラーで、少し垂れ気味にスッと抜く感じにして、ラメは黒目の下に乗せること。

チーク&リップ

目もとを盛りまくる分、チークはレス。唇もアイシャドウと相性の良い粘膜カラーで自然にじんわりと血色感をプラスして。

カラコン

着色直径が大きすぎない、透明感を演出するタイプのカラコンをチョイス。

めちゃめちゃ盛りたい！と張り切ってメイクすると、なんか古くて垢抜けない顔に……。トレンドっぽい盛りメイクってどうするのが正解？

OK

141

OK
U/E ITEM

BASE & EYEBROW >> Case1.2と同じ

1.セザンヌ パレットコンシーラー　2.セザンヌ ベージュトーンアイシャドウ 05 ライラックベージュ　3.セザンヌ 描くふたえアイライ
ナー 20 影用グレージュ　4.キャンメイク ラスティングリキッドライナー 05 グレージュ　5.ウォンジョンヨ ダイヤモンドライナー 03
メープルティー　6.メイベリン ニューヨーク スカイハイ 01 ブラック　7.ディーアップ クイックエクステンション 03 Atype BLACK
8.セザンヌ パールグロウハイライト 01 シャンパンベージュ　9.ヴィセ ネンマクフェイク ルージュ RO650 チェリーの自惚れ
【 COLORED CONTACT LENSES 】 ワンデーミスティア リリーベージュ

Eye shadow

締め色にも透明感のある
パレットをチョイス！

上まぶたは**2**の中間色をサラッと広めに乗せ、
締め色は下目尻に。いつもよりも横に長さを
出して目幅を広げるように塗るのがポイント。
眉もP127を参考に、自然で存在感控えめに。

NG

明るすぎる短めの眉が
ちょい古感。目もとに濃
い色をたっぷり乗せすぎ
るのもNGポイント。

Concealer

下まぶたを盛ったあとは、コンシーラーで追いカバー

涙袋は明るすぎない色でつくるのがポイント。影の色を入れたあとにコンシーラーを乗せることで、クマっぽさを防ぎながら顔を明るく見せます。

NG

ベタ塗りコンシーラーで涙袋の影を潰してしまっては本末転倒。細いブラシで丁寧に。

Eye line

ちょこっと二重ラインやちょこっとラメでさりげ盛りに

黒目の下に5のラメを入れ、3のふたえアイライナーで二重の線を強調するように延長ラインを描いてちょい盛りに。つけまはマスカラで下地をつくったあとに1本1本つけて束感系に。

NG

全幅のふさふさつけまは一気に古臭く見えるトラップ。下まぶたの白すぎパールもNG！

SPECIAL TALK
溺愛ブランドに直撃インタビュー!!

キャンメイク編

動画のエースメンバーと言っても過言ではない溺愛ブランドの「中の人」に夢のインタビューを実施♡
まずは「すべての商品を使ったことがある!」というほど大好きなキャンメイクに直撃!

「ひとりでも多くの人に
ワクワクしてもらいたいんです」

サラ：みんなが当たり前のように毎日使っているキャンメイクですが、今回は聞きたいことをガンガン伺っていきたいと思

います! では、まずはブランドコンセプトについて教えてください。
広報：コンセプトを大きく掲げているわけではないのですが、ブランドの始まりは、ひとりでも多くの方に「気軽にメイクを楽しんでもらいたい」という想いでした。キャンメイクの商

品を通してみなさんにワクワクした気持ちをお届けできるブランドであり続けたいなと思っています。

サラ："CANMAKE"というブランド名の由来は？

広報：CANMAKEは"You can make it"という言葉がもとになっています。"あなたならきっと○○できる"という意味ですが、"なりたい自分になれますように"という想いで名付けました。「○○な自分になりたい」というみんなの気持ちを応援できるブランドでありたいという願いが込められています。

サラ：You can make itが由来というのは知りませんでした！

広報：大きくお伝えしてきたことはなかったんですよね。

サラ：なるほど。キャンメイクというとトレンドを押さえたワクワクする商品が魅力だと思っているんですが、どういうものにインスピレーションを受けて商品開発されているんですか？

広報：担当者ごとにそれぞれの方法があるのですが、ヒアリングしてきたので代表的なものをご紹介させていただきますね。まず、全員に共通して言えるのが「お客様の声」です。ブランドとして大切にしている部分でもあります。今の時代はSNSなどもありますし、メールやお手紙で直接ご意見やご要望をいただけることもあります。そのご意見を「次に開発する商品にどう生かせばいいか」というヒントにさせていただいたりもしています。

サラ：なるほど！ 他からもアイデアを得ることはありますか？

広報：SNSをチェックすることはもちろんあるのですが、「自分が使っていて『こういう商品があったらいいのに』とか、『自分が感じるストレスは誰かも感じているだろう』という感覚を大切にして、自分の中の違和感を見逃さないように生活している」という担当者もいました。「今日のメイクにキラキラを足したいけど、色は変えたくない」というところからラメだけが乗るような **ジュエリーシャドウベール** が生まれました。

サラ：すごい！ 生活そのものまで！

広報：自分でもヘビロテするようなものでないとお客様に喜んでもらえないということを経験で感じているので、流行も大事だけれど自分自身の感性もできるだけ大切にしているというのはありますね。

サラ：プライベートの時間でも、思いついたりしたらメモを取ったりするんですか？

広報：そのような担当者もいました。商品のデザインに関わる部分でも、化粧品だけではなくファッションやお菓子など、いろいろな形状やパッケージを見て、それを自分の中にアイデアとしてストックしておくという意見も多かったですね。

ジュエリー
シャドウベール
（全2色）¥660

マシュマロ
フィニッシュパウダー
～Abloom～
SPF19・PA++（全3色）
¥1,034 ／
リフィル（全2色）¥770

クリーミータッチ
ライナー
（全10色）¥715

サラ：コンビニでお菓子を見て「このパッケージ可愛い！」とか？

広報：まさにそうです。化粧品だけを見てしまうと、新鮮さに欠けたり、固定観念に囚われてしまったりするので、できるだけいろいろなジャンルに目を向けるようにしているようです。

 「 **ずばり、キャンメイクの
人気アイテムは？** 」

サラ：それでは、個人的に気になる質問を！ キャンメイクにはたくさんのヒット商品があると思いますが、ベストセラーは何ですか？

広報：**クリーミータッチライナー** の02番ミディアムブラウンです。人気の理由は本当になめらかにとろけるような描き心地で、リキッドのような感覚でスッと引けるのと、しっかり密着するというところです。

サラ：アイライナーっていろんな処方の選択肢があると思うんですが、どうしてジェルライナーにしたんですか？

広報：担当者はもともと、ジャー容器に入っているジェルライナーの濃密な発色・なめらかな使用感が大好きだったのですが、もっと手軽に使えるものを作りたいと思い、繰り出し容器に入ったジェルライナーを採用しました。担当者の理想を現実化させた製品です。

サラ：なるほど！ 02番がダントツ人気なんですか？

広報：03番のダークブラウンも人気がありますね。

サラ：常にこの2つが2トップって感じですか？

広報：シーズンによっても変動はあるのですが、このアイテムを代表する人気色というとこの2色になります。

サラ：もうずっと人気なのですか？

広報：2018年の発売以来大人気です。

サラ：すごい、じゃあそれだけニーズに答えているのですね。他にもあれば、ぜひ教えていただきたいです！

広報：**マシュマロフィニッシュパウダー ～ Abloom ～** の01番ディアレストブーケも人気商品です。

サラ：普通の**マシュマロフィニッシュパウダー**も人気でしたよね。

広報：そうですね。今でもマシュマロフィニッシュパウダーもおかげさまで大人気です。カバー力があるのでファンデーション代わりに使用している方も多いのですが、一方で、マシュマロフィニッシュパウダー ～ Abloom ～は素肌感のある澄んだお肌に見せてくれるので、メイクトレンドと合致して発売以来人気があります。

サラ：やっぱり01番が人気なんですか？

広報：そうですね。お肌のノイズを消し、ひと塗りでバランスよく澄んだ明るいお肌に見せてくれる点が人気の理由かもしれません。

万人に愛されるってイメージがあります

サラ：キャンメイクって、どういうターゲット層に向けたブランドなんですか？

広報：メイクに興味を持っている方、メイクが好きな方、試してみたい方、すべての方に使っていただきたいと思っています。性別も年齢も関係なく、みなさんに手に取っていただきたいと思っているので、"すべての方に向けて"開発しています。なので、ひとつひとつの商品がそれぞれのコンセプトを持っていて、いろいろな悩みやなりたいイメージに合わせて幅広くアイテムを展開しています。例えば、カバー力を求めているとか、皮脂に悩んでいるとか、そういうひとつひとつの悩みの需要に応えられるように、いろいろな角度からお客様に選んでもらえるようなラインナップになるよう心がけています。

サラ：視聴者さんから、「昔はティーン向けのイメージがあったけど、今は大人でも使いやすい」という意見が結構多いんですが、今みたいに幅広い世代に愛されるようになった理由は何だと思いますか？

広報：過去にキャンメイクを使ってくださっていたお客様が年齢を重ねて大人になっているという点も背景にあるのかもしれません。多くの方に使っていただきたいという気持ちがあるので、採用する処方やデザインも時代とともに変化しています。

サラ：ああ！ なるほど！ たしかに、商品ラインナップがそんなに変わっている印象はないんですが、パッケージや什器（じゅうき）のデザインが、大人っぽい……というより万人受けでみんなが好きなデザインだなと思うので、そういう部分でもみんなが手に取りやすいのかもしれないですね。納得です。

広報：ありがとうございます！ キャンメイクには強すぎる世界観がないというか、商品ひとつひとつのデザインを見てみると統一されたデザインではないので、逆にそれが良いとおっしゃっていただくこともありますね。

サラ：でも、"可愛い"っていう共通イメージはあるような気がします。

広報：そうですね。企画担当者も、"キャンメイクらしさ"をみんな意識して考えていて、可愛い要素を入れるという点ももちろんですが、"キャンメイクにしかできないようなもの"というところを頑張って日々追求しています。

サラ：アイライナーとかもすぐ「キャンメイクだ！」ってわかりますよ。プリントのさわり心地でわかります。

広報：ありがとうございます！ でもそれは逆にすごすぎますね（笑）。

CANMAKE 限られたコストで頑張るのがキャンメイクの醍醐味

サラ：これがめちゃくちゃ聞きたかったんですが、もう聞いちゃいますね。安さの秘訣ってなんですか？

広報：「気軽にメイクを楽しんでもらいたい」というところから始まったブランドなので、適正価格というものを追求して販売しています。なので、安さの秘訣というと、昔からその姿勢を変えることなくこの価格帯を守り続けているという点に尽きるかもしれません。中身や資材の原料も高騰しているという状況ではあるのですが、それでもやっぱり品質にこだわりながら、手に取りやすいプライスを実現させるメイクブランドでありたいと思っています。

サラ：つまり「頑張っている」っていうことなんですね（笑）。適正価格っておっしゃってましたが、逆に"安すぎて適正じゃない"まであAりますよA！

広報：まだブランドが誕生する前、海外ではお手頃な価格のセルフコスメがたくさんあったようで「日本のコスメは高すぎるのでは？」と当時の社長が感じたのがきっかけで500〜1,000円くらいの価格帯で買えるメイクブランドを作ろうと決意したそうです。

サラ：なるほど。でも、コストを抑えるにはやっぱり数をつくらないといけない……つまり売れる商品を開発しないといけないっていうことですよね。

広報：限られたコストの中で開発するのはすごく難しいことなのですが、そこがキャンメイクの商品企画ならではの醍醐味でもありますね。

サラ：たしかに、「私も高いものはそりゃあいいだろう」っていう考えがベースにあるので、プチプラのコスメを使うと「この価格でここめっちゃ頑張ってる！」みたいなのがすごい伝わってきて、それが楽しくてレビューではプチプラばかり紹介してしまうんですよね。なかでも特にコストやクオリティ面で葛藤した商品はありましたか？

広報：マシュマロフィニッシュパウダー 〜 Abloom 〜は、中身が5色ということもあって1色の製品よりコストがかかってしまうんですよね。

サラ：そうなんですか!? 去年、限定容器でレザー調のものを出していませんでしたか？ しかも価格据え置きで！

広報：そうですね。やっぱり愛される商品になってほしいという気持ちがあるので、みなさんに喜んでいただける工夫をできる範囲で頑張っている感じです。

サラ：あの容器はすごいです！

広報：今年はマシュマロフィニッシュパウダーでも限定デザイン容器が発売されるので楽しみにしていてください（笑）。

「ネガティブなレビューこそ勉強になってます」

サラ：私のような美容系インフルエンサーってぶっちゃけどう思われていますか？

広報：正直「ありがとうございます！」という感じです。ブランドの立場ではどうしても他社様の商品と比較して紹介することもできないですし、ブランドが伝え切れていない情報を細かくレビューしてくださっているので勉強させていただいています。そしてサラさんのように面白い企画を通じて伝えてくださるのもインフルエンサーさんならではの発想で楽しいです。

サラ：よかった!! なんて思われているんだろうってドキドキしていました（苦笑）。

広報：私たちは基本的に自分たちの商品についてだけお伝えしていますが、インフルエンサーさんはいろいろな商品を使われているからこその知識をベースにレビューしてくださるので私たちも勉強になりますし、見ている視聴者さんにとっても、欲しい情報を届けてくれる存在だと思っています。

サラ：どのインフルエンサーも、いいことばかり言うわけじゃないと思うんですが、それについても大丈夫なんですか？

広報：たとえマイナスな評価があったとしても私たちブランド側は「ご意見をいただけた」ということでありがたいですし、見ている方にとっては「より自分に合ったものを見つけやすくなる」という面があると思うので、感謝しています。

サラ：ああ……よかったです（苦笑）。じゃあ、今後も正直にやらせていただきます（笑）。

広報：ぜひぜひ（笑）。

23年10月下旬発売のマシュマロフィニッシュパウダー限定パッケージがこちら

消費者のメイク感度って明らかに上がりましたよね

サラ：それでは次の質問。令和になってメイクトレンドに変化は感じていますか？

広報：昔って、「今こういうメイクが流行っている」っていう明らかなトレンドがあった気がするのですが、今って本当に多様化していると感じていて。そういった意味で一概にトレンドの変化というのは難しいのですが、大きく変わったと感じるのはお肌の見せ方ですね。

サラ：というと、具体的にどういう変化でしょう？

広報：「明るく見せる」という需要が明らかに増えたと感じています。

サラ：たしかに、いつのまにか透明感という言葉が当たり前になりましたけど、以前はそんなに言われていなかったような。

広報：マシュマロフィニッシュパウダーの人気色も明るい色にシフトしてきています。日焼け対策をしっかりされていることで素肌自体が明るいという方が多くなったようですが、さらに明るく見せたいという方がすごく増えたのではないかと実感しています。

サラ：なるほど、それはそうかもしれないですね。最近、きれいになるためにハイライトやシェーディング、コンシーラーとか、みなさんメイクのレベルというか、美容感度がどんどん上がってきているなというのはすごく感じています。

広報：そうですね。自分が学生のときと比べて、サラさんのような方を身近なお手本にできる時代なのだと思うと羨ましいですね。

サラ：私も学生時代は変なメイクしてました（笑）！　パーソナルカラーとかもなかったですからね。

広報：そうですね。パーソナルカラーについても、みなさんすごく気にされて選んでいるのだなと感じています。お問い合わせでも「この商品はブルベ向きですか？」というご質問をいただいたりするので、選び方が変わったということもトレンドの変化のひとつなのかもしれません。

サラ：素朴な疑問なんですが、そういうお問い合わせや質問ってたくさん寄せられると思うんですが、どうやって回答されているんですか？

広報：全部が全部というわけではないのですが、寄せられたお問い合わせについては、企画の担当者に回答をもらって、それを基に回答させていただくこともあります。

サラ：すごく丁寧……！　わからないことを聞くと、ちゃんと公式的な見解が戻ってくるっていうことですよね。

広報：ご質問の内容にもよりますし、全部にお答えできるわけではないのですが、商品についてのお問い合わせや、「こういう使い方できますか？」という質問についてはできる限り対応させていただいています。

サラ：大変……。さっきちょっと出ましたが、商品をつくるときにブルベ向け、イエベ向けみたいなものを意識されるようになりましたか？

広報：意識をして表示をするような製品もあるのですが、基本的にはパーソナルカラーに囚われることなく、自分がなりたい印象で選んでいただき、自分が使いたい色を手に取っていただきたいと思っています。「こうじゃなきゃいけない！」というより、メイクを楽しんでもらえることが一番なので、個別にひとつひとつイエベ、ブルベと表記するような方法は取っていないですね。

サラ：はっきりと書いてしまうと「使えない」と思っちゃう人もいますよね。

広報：そうなんです。可能性を狭めてしまうし、正解を決めるのはお客様ご自身だとも思うので楽しんでいただきたいです。

プランぷくコーデアイズ
（全2色）¥792

3wayスリム
アイルージュライナー
（全3色）¥770

トレンドに対する
アプローチは？

サラ：キャンメイクって、すごくトレンドを押さえている印象があるんですが、どうやってキャッチアップされているんですか？

広報：トレンドに関してはやっぱりSNSの情報が早いので、そういったところでキャッチしていくのは意識しています。でも、冒頭でもお話しした通り「こうだったらいいのに」っていう自分たちの中にある感覚を大切にしているのと、トレンドが起こってからだとどうしても後追いになってしまうので、できるだけ新しい流行を発信していけるといいなと思っています。

サラ：流行や世間の声には流されすぎず、トレンドをつくっていくということですね。

広報：そうですね。でもやっぱり今使いたい旬のアイテムはみなさんにお届けしたくて、キャンメイクのように毎月新商品を発売しているブランドってなかなかないと思うので、短いスパンでいろいろな商品を発売できるからこそ、トレンドアイテムは押さえつつ「こういうものを待っていた！」という商品をお届けできればいいなと思っています。

サラ：お届けできてます!!

広報：（笑）！ あとは、トレンドをベースにしたお悩みに対応する「こういうものが欲しかった！」というキャンメイクらしい商品を提案していけたらなとも思っていますね。**3wayスリムアイルージュライナー** は、涙袋がつくりたくても、影を入れるとどんよりして見えるというお悩みがあったので、それを新しい視点から解決できるアイテムを作りたいという背景で開発されています。

サラ：たしかに！ 血色感で涙袋をつくるって、キャンメイク発信ですよね。元祖……。

広報：元祖になっております（笑）。キャンメイクは自由度高く商品を企画できる環境にありますし、それこそ毎月新商品

を出しているのでいろいろな商品の発売に挑戦がしやすくなっています。それにリーズナブルだからこそ試していただける商品もあると思うので、これからも面白い商品を発売していけたらと思っています。

サラ：涙袋のトレンドに合わせた **プランぷくコーデアイズ** もスピード感がすごかったですよね。

広報：そうですね。「パウダーで仕上げるナチュラルな影色をつくりたい」という想いがきっかけでした。涙袋のトレンドが長く続いて定番化してきていたので、もっと進化した商品をつくりたく、1年程の開発期間を経て生まれたアイテムです。

キャンメイクを使うことで
ポジティブな気持ちで
過ごしてもらえたらうれしいです

サラ：最後に、キャンメイクとして伝えたいメッセージはありますか？

広報：冒頭と共通するところがありますが、「メイクを楽しんでもらいたい」とか、「手に取りやすい」というところを意識しているので、キャンメイクを使うことによって、多くの方にワクワクした気持ちや幸せな気持ちになっていただけたらうれしいです。

そしてみなさまの気持ちに寄り添えるようなブランドであり続けられるように頑張っていきます。

INFORMATION

CANMAKE キャンメイク
💻 www.canmake.com
📷 @canmaketokyo
✖ (旧Twitter) @CanmakeTokyo

商品に関するお問い合わせ先
株式会社 井田ラボラトリーズ
0120-44-1184

公式YouTube

149

セザンヌ編

常日頃から「国民の顔をつくっている」と私が動画で言い続けているセザンヌ。
みんなが気になるあんな質問やこんな質問、とことん聞いちゃいます！

「ブランド理念は 3つの「○○のために」」

サラ： まずお伺いしたいのが、セザンヌってどんなブランドコンセプトとブランド理念を持ってらっしゃるんですか？

広報： コンセプトは「ずっと安心、ずっとキレイ」で、そのためにブランド創設当初から3つ大切にしていることがあるんですよ。1つめは「お客様のために」ということです。何が入っているかひと目でわかる透明のパッケージや、手に取りやすい価格帯もその理念に基づいています。

サラ： 手に取りやすい価格っていうのは、みんな真っ先にイ

メージするところですね。

広報： 2つめは「地球のために」で、実はセザンヌではピンレス容器を使用していて、パーツの接合部に金属のピンを使用していないんです。だから、使い終わって捨てるときの分別もしやすいし、できるだけ環境に優しい設計になっているんですよ。

サラ： たしかに！ レフィルのある商品も多いですよね。

広報： ファンデーションやフェイスパウダーはレフィル化を推進して、ゴミを最小限にできるよう心がけて開発に取り組んでいます。

サラ： 最後のひとつは？

広報：3つめは「お肌のために」。セザンヌの商品はすべて紫外線吸収剤不使用で、ネイル製品以外の商品は合成香料も使っていないんです。それ自体がだめなものというわけではないんですが、なかには香りが苦手だったり、紫外線吸収剤不使用の商品をお求めの方もいらっしゃるので、合成香料や紫外線吸収剤を使用しない商品づくりをしています。

サラ：そうだったんですね！ 新作が出たときに「あ、これ無香料なんだ〜」とか「紫外線吸収剤使ってないんだ〜」とか見かけることはあったんですが、すべての商品がそうだったということは初めて知りました！

広報：実はそうなんです。そういう部分も、たくさんの方に知っていただけるとうれしいですね。

サラ：そんなセザンヌさんはどういう風に製品開発に取り組んでいるんでしょう？

広報：企画担当者もみんなコスメが大好きで働いているので、自分自身が「こんな商品があったらいいな」とか、「こういう部分が解決できればいいのに」というところからアイデアが生まれてくることが多いと聞いています。何気ない生活の中でハッとひらめくこともあるみたいですよ。

サラ：そこから生まれたアイテムはありますか？

広報：例えば **ナチュラルマットシェーディング** がそうです。ブルーベースの担当者が日頃メイクをしている中で感じた「シェーディングの色が合わないな」という悩みをきっかけに生まれました。

サラ：以前お伺いしたときに「色が合わないな！」と「ブラシ出すのがめんどくさいな！」というニーズが合体してできた商品と仰っていましたね（笑）。

広報：全部詰め込んだっていう感じですね（笑）。

サラ：そういう部分がユーザーのかゆいところに手が届く商品の誕生につながっているんですね。ユーザーの意見を取り入れることもあるんですか？ それとも自分たちのアイデアを発信するほうが中心ですか？

広報：ルールは特に決まっていませんが、ありがたいことに、お客様サービス室に日々いろんなご意見をいただいています。商品づくりに反映させていただくご意見も少なくないんですよ。

サラ：SNSの意見が反映されることもあるんですか？

広報：SNSの声は届きやすいので「こういう風に思ってくださっているんだ！」という気持ちで見ています。「こんなのが欲しい」という声を見て「あ！これいいね！」なんて思うこともあったり。それが実際に商品化できるかどうかは別なんですが、アイデアのヒントにさせていただくこ

ナチュラルマットシェーディング
（全2色）¥693

ともあると思います。

「セザンヌの売れっ子は？」

サラ：人気商品をたくさん抱えるセザンヌさんですが、なかでも"これがベストセラー"というアイテムは何ですか？

広報：**超細芯アイブロウ　皮脂テカリ防止下地　パールグロウハイライト** あたりですね。皮脂テカリ防止下地はもうすぐ10年経つロングセラー品です。

サラ：売れている理由は何だと思いますか？

広報：描くだけできれいな眉になれる、塗るだけでサラサラの肌、乗せるだけでツヤツヤの肌になれる……みたいに、難しいテクニックがいらなくて、誰でも簡単にきれいになれるというところが長くご愛用いただいている理由なのかなと感じています。

サラ：超細芯アイブロウは本当にマロ眉の救世主ですからね（笑）。ちなみに、コロナ禍前と比べて人気商品に変化はありましたか？

広報：ありましたね。リモート授業や会議などで自分の顔を見る機会が増えたこともあってか、平面的に見えがちなモニター上でも「立体的に見せたい！」という需要からハイライトの人気が出たり、「アホ毛が目立ってる！」という悩みから **ヘアケアマスカラ** が注目されたりしました。

サラ：アイメイクの需要も伸びましたか？

広報：コロナ禍に新しく登場した **ベージュトーンアイシャドウ**

皮脂テカリ防止下地
SPF28・PA++
（全2色）¥660

パールグロウハイライト
（全4色）¥660

超細芯アイブロウ
（全7色）¥550

がタイミングもあってか、かなり好評をいただきました。

サラ：真っ只中なら、**ウォータリーティントリップ**も発売になりましたよね？

広報：そうです！ こちらも、マスクにつきにくいというお声をたくさんいただきました。

サラ：ティントはコロナ禍だからということで開発されたんですか？

広報：企画自体はそれより前からだったんです。ウォータリーな落ちないリップがほしいねというのは常々考えていて、あのタイミングの発売になったのはたまたまなんです。

ウォータリー
ティントリップ
（全9色）¥660

ヘアケアマスカラ
（全2色）¥715

ベージュトーンアイシャドウ
（全5色）¥748

ノーズシャドウ
ハイライト
¥638

描くアイゾーン
コンシーラー
¥660

迷ったらセザンヌへ 誰でもウェルカムです

サラ：どんな方をイメージして商品開発をしているかというところなんですが、ターゲット層はありますか？

広報：実はないんですよ。

サラ：そうなんだ！

広報：3世代でご愛用いただいている方もいらっしゃいますし、性別も問わず、どんな方でも「使いたいな」と思ったときに使えるブランドでありたいと思っています。どこでも買える、気軽に買えるブランドを目指して、全都道府県に販売店を置いています。いわば"誰でもウェルカム"。

サラ：「誰でもいいんだよ〜、おいで〜」っていうことですね（笑）。

広報：どんな方にも毎日手を伸ばしていただけるブランドに

なれたらうれしいなと思っています。

サラ：ブランドとして「こういう分野が得意」みたいなものはあったりするんですか？

広報：どのカテゴリーも同じように力を入れて展開しています。

サラ：たしかに、ひとつの商品でもいろんな悩みや好みに応えられる設計になっていますよね。カラーアイテムにも幅広い表現のできるニュアンスがあるし、下地ひとつとってもいろんな肌の色や肌悩みに合うバリエーションがあったり。納得です。では、ブランドとしてこだわっている部分は？

広報：お客様に喜んでいただけるか、という部分ですね。例えば、繰り出し式の商品は必ず繰り戻せるようにとか、手でつける商品以外はできるだけブラシなどのツールをセットにするなど、小さなことから心がけています。コスト的な面でバランスが難しい部分ではあるんですが。

サラ：なにげなく使っていましたが、たしかに！ チークのブラシも進化しましたね（笑）。ちなみに、世代的にはどの層に人気ですか？

広報：印象的には10代や20代の方が多いと思われているかもしれないんですが、そこも満遍なく。本当に幅広い世代の方が使ってくださっています。

サラ：個人的にはわりと大人に人気っていうイメージがあったんですが、10代や20代の方もこぞって買っていますよね。

広報：それこそサラさんたちのようなインフルエンサーさんのおかげなのかもしれません。

サラ：うれしいです（照）。

美容系YouTuberのこと どう思ってます？

サラ：では、この流れで伺いたいんですが、ぶっちゃけ美容系YouTuberである私のことはどう思ってらっしゃいますか？

広報：実は社内のみんなに聞いたのですが、まず一番多かったのが「可愛い」。

サラ：そこなんですね、まず（笑）！

広報：あとは「セザンヌの商品をたくさん紹介してくださるので純粋にうれしい」というのと、「視聴者さんに、ちゃんと商品の特徴が伝わっているのがコメント欄などを拝見するとよくわかるので、サラさんが私たちの心を込めた部分をしっかりわかってくださっているんだなと思えますし、何より楽しく伝えてくださっているのでそこがうれしいです」というのも。

サラ：ありがとうございます。

広報：視聴者として拝見させていただいていた時代から、レビューや色味などに信頼を寄せている配信者さんです。社内でも「サラさんの発信する情報には圧倒的な信頼感がある」

という意見が
たくさん集まり
ました。

サラ：うれしい！
ありがとうございま
す。実は、こうやって顔
を知った関係だとどうしても
よく言いたくなってしまうというジレ
ンマがあるんですが、それでも言うところはちゃ
んと言わないと視聴者さんに伝わらないし、お互いに損をす
ると思うので、正直に言おうと心がけていますね。

広報：刺さらなかった商品でも、「こういう人には合うよ」み
たいに、コスメに詳しいからこその視点で商品の情報を伝え
てくださっていてすごくありがたいなと思っています。先日の
動画でも、**ノーズシャドウ ハイライト**の新しい使い道を見つ
けていただいて。

サラ：それは商品がいいからなんですよ！そういう商品が
あって私が支えられているので逆に感謝を伝えたいです。も
ともと一般人という立場から配信をやってきて、こうやって直
接関わることができるようになったので、私は「夢を叶えたオ
タク」なんです（笑）。ちなみにインフルエンサー自体ここ10
年くらいで登場した存在だと思うんですが、美容系のレビュ
アー全体に対してはどう思われていますか？

広報：う〜ん、メイクのプロセスが見られるっていうのが衝
撃的でしたね。人がメイクしている姿を見て参考にできるって
いうのはとてもありがたいことだなって思います。自分たちに
近い一般の方のメイク工程が見られて、参考にしやすくなっ
たと思います。

サラ：たしかに、私は今では発信する側ですが、学生時代は
雑誌を参考にして自己解釈でとんでもないメイクをやってい
たりしました（苦笑）。だから、今のこの環境は羨ましいなっ
て思ったりします。配信していると、プチプラで手に取り
やすいということで、やっぱりセザンヌさんなんです
よね。反響が全然違う。とてもありがたいです。

広報：こちらこそ、ご紹介いただいて本当にあ
りがたいと思っています。

サラ：これからもよろしくお願いします（笑）。
新作楽しみにしてます♡

「**どうしてこんなに
安いんですか？**」

サラ：みんなが気になるところだと思うんで
すが、リーズナブルな価格の秘密を答えられ
る範囲でいいので教えていただきたいです。

広報：ひとつはシンプルなパッケージですね。過剰包装をし
ないとか。もちろん、素敵なパッケージって本当にテンション
がアガると思うし、とても魅力的だと思うんですが、どうしても
コストに影響してしまうのと、シンプルにすることで中身がわ
かりやすくなるので、セザンヌではシンプルさを大切にしてい
ます。それと、共通の容器を使うことで初期費用をできるだけ
節約しています。

サラ：それは気づかなかった……。

広報：どれも同じに見えないようにデザインなどで工夫をす
るようにはしています。

サラ：見比べてみるとたしかにそうですね。新しいチークも
ですか？

広報：そちらは新しくつくっています。

サラ：刻印もスタイリッシュですよね。セザンヌさんって花柄
のイメージがあったんですが、どうしてあのデザインになった
んですか？

広報：このチークはこれから先みんなの定番になってほしい
という想いがあり、どんな方にも長く飽きのこないデザインを
追求して考えたらこうなりました。刻印はブラシの流れをイ
メージしているんです。

サラ：その上でこのシュッてデザインになったんですね。刻
印って使っているうちに消えちゃいますけど、最初の高揚感は
大事ですよね。余談で盛り上がっちゃいましたが、他にも何か
ありますか？

クッションファンデーション
SPF50・PA++++（全3色）
¥1,078／レフィル¥858

広報：もうひとつ取扱い店が多いので、一度につくる数（ロット）が多いんです。なので、ひとつあたりのコストを節約することができてプチプラにつながっています。

サラ：なるほど！ それにしても**クッションファンデーション**は衝撃でした。

広報：そうですね。成分も機能も譲れないし、価格も譲れない、という企画担当者の熱い想いもあって。

サラ：反響はどうでしたか？

広報：事前のクチコミというか、期待の声もSNSなどでたくさん上がっていたというのもあって、ありがたいことに反響が本当に大きくて。「いつ出るの？」「どこの店舗にあるの？」というようなお問い合わせが多く、発売当時は大忙しでした。

サラ：実際使った方からはどういう声が多かったですか？

広報：まずは価格に驚かれましたね。「クッションファンデがほぼ1,000円って信じられない」とか。それに日本製を喜んでいただけたり、「ちょうどいい量が出てくる」とか使い勝手のよさに関するお声もたくさんいただきました。

「新商品発売のタイミングは？」

サラ：新しく商品が出るタイミングは決まっているんですか？

広報：新商品の発表は年に2回、春と秋になります。

サラ：どのブランドでも春と秋は限定アイテムが賑わうイメージですが、セザンヌさんの場合もそういったものはあるんですか？

広報：セザンヌは基本的には定番品なんですよ。一度使っていいなと思った商品が次買えなくなるということをできるだけなくしたいので。

サラ：なるほど！

広報：ただ、2024年にブランドが誕生60周年を迎えるので、それを記念しての限定品をいくつか予定しています。

サラ：還暦祝いですね（笑）。セザンヌさんって、廃番予定の商品をホームページでアナウンスされてますよね。

広報：すごい、そこまで見てくださっているとは！

サラ：でも、新商品ってなんか毎月出てません？

広報：春と秋の新商品という形でそれぞれ数か月かけてちょっとずつ発売しているので、毎月出ているようなイメージになるのかなと。

「ニュアンス系のアイテムが増えましたよね」

サラ：ここ最近、メイクトレンドの変化みたいなものは感じますか？

広報：感じます。コロナ禍前後で変化したと感じているんですが、それまでメイクといえば赤リップが定番だったところから、眉や目元に注力するようになって、マスクが取れてリップやチークのトレンドが復活という流れになっていると思うんです。

サラ：たしかに、以前はカラー眉とかそんなに見かけなかったですよね。新しく出た超細芯アイブロウのベリーブラウン

も、控えめな発色ですごく使いやすかったです。トレンドも押さえつつ、誰でも使いやすいようにと控えめにしているんですか？

広報：そうですね。「みんなの毎日に寄り添うコスメ」というところを大事にしたいので、ほどよくトレンドを入れつつ、毎日使えるようなバランスに気をつけています。

サラ：みんなの顔面を支えなきゃですもんね（笑）。他に印象的だった変化はありますか？

広報：ベースメイクも毎日同じではなく、例えば日によって日焼け止めパウダーだけで済ませるとか。あと、様々な背景があるとは思いますが、純粋に自分のためにメイクを楽しむ方が増えたように感じますね。みなさんのSNSを見ているとワクワクします。

サラ：たしかに、視聴者の方もメイクに関する知識やレベルが上がってきているのを感じます。セザンヌさんのアイテムでも、ニュアンス系のアイテムが増えてきた印象があって、ベージュトーンアイシャドウなんかはTHE 締め色！という感じより、ニュアンスカラーで構成されていますよね。

広報：コロナ禍に生まれた商品で、マスクを取ったときにアイメイクが強すぎるとちぐはぐ感が出ちゃうみたいなお悩みもあったので、そういうバランスも取りやすいように気をつけてつくった商品です。

サラ：トレンドには積極的に対応していますか？

広報：トレンドはもちろん意識して研究はしますが……。「みんなの毎日に寄り添うコスメ」を目指しているので、毎日使えて、ちょっと今っぽさもあるというところを目指している感じですね。

サラ：私の感覚ではすごくトレンドにマッチしていると感じていました。アイシャドウもそうですし、最近発売になった**描くアイゾーンコンシーラー**も。商品を開発しているときにまったく意識をしていないわけではないんですよね？

広報：そうですね、意識しないわけではないです。

サラ：そういう流れで自然と取り入れつつも安心感を忘れないっていうことなのかもしれないですね。もしかしたら。

広報：トレンドのメイクって今っぽく、可愛くなれるものではあるので、その要素はセザンヌのお客様にもぜひ取り入れてもらいたいなと思っていて。とはいえ、いきなり最先端のエッジィなものをつくっても持て余してしまうかもしれないので、「このくらいのほんのりなら大丈夫かも」みたいな。使っていただく方の安心感を大切にしたいと思っています。

サラ：描くアイゾーンコンシーラーも、パレットじゃなくてスティックタイプだから、ワンタッチでテクニックいらずっていうことですか？

広報：まさにそうです。担当者が何度も自分の顔でトライして、誰でも失敗なく使えるかをしっかり検証して生まれたものです。

「すべての中身が日本製なんです」

サラ：ブランドとして伝えたいメッセージはありますか？

広報：「みんなウェルカム」というところですね。迷ったらセザンヌへ！みたいな。社内ではセザンヌに戻ってきてくださる方のことを「おかえりセザンヌさん」って呼んでいるんですよ。

サラ：それインスタで見ました！

広報：そうなんです！ 見てくださっているなんてさすがです!! 初めての方は「ようこそセザンヌさん」なんですよ。

サラ：やっぱりセザンヌ（笑）。

広報：みなさん他のブランドのコスメをお使いになるのは当たり前のことだと思っていて、それでもたまに「そういえばこの商品よかったよね」だったり、「懐かしい！」って思い出してもらえて「おかえりセザンヌさん」になってもらえたら……。そんなときに、昔使っていたときのイメージよりも少し進化しているブランドであれたらいいなと思っています。

サラ：全国民の顔を支えていますからね。

広報：いつもありがとうございます。あと、意外と知っていただけていないのが中身が日本製というところだったりするので、そういう部分をもっとお伝えできたらいいなと思っています。

サラ：えー!? 知らない方もいるんですね！ やっぱり価格がリーズナブルだから、先入観も働いちゃうんですかね？

広報：そういった部分もあるかもしれませんね。だけど、紫外線吸収剤不使用だったり、合成香料不使用だったり、実はこだわっていますよ！というところをもっと知ってもらえたらうれしいです。

サラ：ありがとうございます。ぜひたくさんの方に知ってもらえるよう私もお手伝いできたらと思います。

INFORMATION

CEZANNE
セザンヌ化粧品
🖥 www.cezanne.co.jp
📷 @cezannecosmetics
✕（旧Twitter）@cezannecosme

商品に関するお問い合わせ先
株式会社セザンヌ化粧品
0120-55-8515

お わ り に

最後まで読んでくださりありがとうございました！

いかがでしたでしょうか？
皆様が明日からするメイクが、より楽しいものになればうれしいです。

この本で解説している内容は、あくまで基礎的なものです。
メイクには正しいやり方や正解はなく、
100人いれば100人に合うメイク方法が存在していると思っています。
それがメイクの大変で苦しい部分だと思っていますが、
一番楽しい部分でもあると思っています。

ぜひ、読者の皆様にはこの本に記載のあるメイク方法をどんどんアレンジして、
自分が自分でいられるメイク方法を探求していってください。

一般人の私が、こんな素晴らしい本を出版できたのは、
普段から応援してくださっている皆様、撮影に携わってくださった方々、
家族、その他、たくさんの方々が支えてくださったおかげです！
いつも本当にありがとうございます。この場を借りてお礼申し上げます。

これからも古今東西のコスメを集めに集め、コスメヲタの名に恥じないようにして参りますので、
今後とも応援いただければ嬉しいです。

PROFILE

コスメヲタちゃんねるサラ

1993年11月6日生まれ。千葉県出身。美容
系YouTuberとして活動中。チャンネル登録
者数は80万人超！ 新作コスメの最速レ
ビュー動画や、メイクとエンタメを掛け合わ
せる一風変わった動画を発信中。

STAFF

Make-up & Model ／ Sara

Photographer ／ Mari Yoshioka

Hair ／ MAME

Styling ／ moena(P018 〜 035)

Edit & Writing ／ Mika Adachi

Edit assistant ／ Megumi Kanda

Artist management ／ Rika Shimizu[VAZ]

Design ／ Eri Nakashima

Edit ／ Hiroko Kono

SHOP LIST

アダストリア カスタマーサービス
☎ 0120-601-162

-less
📷 @daless_official

LOHME
✉ info@lohme.jp

※本書掲載の化粧品、雑貨、金額記載のないアイ
テムはすべて著者私物です。すでに販売が終了し
ているものもあります。あらかじめご了承ください。
※価格はすべて消費税込みの表示です。

プチプラコスメでつくる

ちょっとメイクが楽しくなる本

2023年9月28日 第1刷発行

著者　コスメヲタちゃんねるサラ
発行人　蓮見清一
発行所　株式会社 宝島社
　　　　〒102-8388
　　　　東京都千代田区一番町25番地
　　　　03-3234-4621(営業)
　　　　03-3239-0928(編集)
　　　　https://tkj.jp

印刷・製本　三松堂株式会社